集团管控模式下山东能源集团
全供应链智慧物供体系创新实践

童培国　巩学刚　著

中国矿业大学出版社

·徐州·

内 容 简 介

为深入推进能源革命、加强能源产供储销体系建设，山东能源集团围绕建设全球清洁能源供应商和世界一流能源企业的目标，围绕集团化管控模式下的全生命周期大物供生态导向，构建全供应链智慧物供体系，取得了显著的创新成效。本书科学梳理和总结了山东能源集团物资供应链管理的发展历史和创新成果，剖析山东能源集团物供体系改革创新基础、创新环境和创新理论基础，在此基础上对山东能源集团物供体系改革创新进行顶层设计，解析了山东能源集团的"一统二融三化二翼"全供应链智慧物供服务体系改革创新路径，梳理总结了山东能源集团全供应链智慧物供体系建设的典型经验，以期在能源行业中树立标杆、形成示范。

本书可为煤炭及能源相关管理部门、研究机构及企业单位提供参考，也可供经济管理、能源管理等相关专业的本科生、研究生阅读参考。

图书在版编目（ＣＩＰ）数据

集团管控模式下山东能源集团全供应链智慧物供体系创新实践/童培国，巩学刚著. —徐州：中国矿业大学出版社，2023.12

ISBN 978-7-5646-6098-7

Ⅰ. ①集… Ⅱ. ①童… ②巩… Ⅲ. ①能源工业—企业集团—供应链管理—研究—山东 Ⅳ. ①F426.2

中国国家版本馆 CIP 数据核字（2023）第 238997 号

书　　名	集团管控模式下山东能源集团全供应链智慧物供体系创新实践
著　　者	童培国　巩学刚
责任编辑	陈　慧
出版发行	中国矿业大学出版社有限责任公司
	（江苏省徐州市解放南路　邮编221008）
营销热线	（0516）83885370　83884103
出版服务	（0516）83995789　83884920
网　　址	http://www.cumtp.com　E-mail:cumtpvip@cumtp.com
印　　刷	苏州市古得堡数码印刷有限公司
开　　本	850 mm×1168 mm　1/32　**印张** 6.25　**字数** 163 千字
版次印次	2023 年 12 月第 1 版　2023 年 12 月第 1 次印刷
定　　价	36.00 元

（图书出现印装质量问题，本社负责调换）

撰写委员会

撰 写 人：童培国　　巩学刚　　刘小平

张峻峰　　高　程　　尹顺义

崔振浩　　翟　海　　李　彬

王　冰　　朱福海　　郭　刚

孙允峰　　陈　坤　　宋杭民

孙兆娣　　徐勤刚　　杨　斌

牛光东　　辛延明　　李晓伟

张　涛　　张建文　　王培忠

赵金虎　　黄　伟　　王志伟

朱　涛　　曾　雷　　范湘杰

安顺勇

序

　　为深入贯彻党的二十大提出的"深入推进能源革命，加强能源产供储销体系建设，确保能源安全"的要求，响应新时代供应链变革、数字化转型和服务生态化创新发展主题，建成与世界500强企业相匹配的物供体系，山东能源集团有限公司（以下简称山东能源）在集团化管控、数字化平台构建、全生命周期大物供生态建设等方面进行一系列创新变革。

　　本书基于山东能源物资供应链管理创新需求，在全面梳理山东能源发展历史、现实基础、外部环境、理论依据的基础上，对山东能源物供体系创新发展思路、实践举措、创新成果进行了系统总结，提出了"一统二融三化二翼"的全供应链智慧物供服务体系改革创新模式，推进物供理念、组织、运营、平台化、机制、技术、管理决策等方面的创新变革，以期打造煤炭行业物供示范标杆，助推煤炭行业产业链供应链高质量发展。

希望本书的出版能引起更多关于"新时代煤炭行业物供管理体系"的讨论,推动这一问题的深入研究和实践。

本书在研究过程中得到了中国矿业大学刘满芝、吕雪晴、王慧等专家的大力支持和协助,在此表示衷心的感谢!在本书写作过程中参考过的文献资料已尽可能列出,如有疏漏,在此表示歉意,并向所有的参考文献资料作者致谢。

由于本书是对新时代煤炭行业物供管理体系研究的一个开端,还有许多不完善之处,敬请广大专家、同行批评指正,以便在今后进一步的研究和实践中改进。

著　者

2023 年 8 月

前　言

　　物供体系改革创新是推进煤炭企业转型升级和高质量发展的重要支撑,也是提升煤炭行业产业链供应链韧性和安全水平的重要内容。山东能源聚焦绿色低碳高质量发展,积极打造清洁能源供应商和世界一流能源企业,推进物供各领域创新变革,打造煤炭行业物供示范标杆。本书基于山东能源物资供应链管理创新需求,在全面梳理公司发展历史、现实基础、外部环境、理论依据的基础上,对山东能源物供体系创新发展思路、实践举措、创新成果进行全面梳理和系统总结,提炼山东能源智慧物供创新发展模式,为推进煤炭行业产业链供应链高质量发展提供物供创新思维和实践方案。本书主要分为以下六章。

　　第一章剖析山东能源物供体系改革创新基础。分析山东能源发展历程、物供体系的变革背景和过程,指出山东能源物供体系改革创新的必要性和意义。

　　第二章分析山东能源物供体系改革创新环境。从宏观形势、行业态势、标杆企业等方面,梳理山东能源物供体系改革创新环境,基于上述分析结果提出山东能源物供体系改革创新的思路,指出物供管理"精益、制度、标准、智慧、透明"的发展方向。

　　第三章解析山东能源物供体系改革创新理论基础。通过对集团管控、集中采购管理、数字化转型、供应链协同、精益管理、激励约束六大领域前沿理论的分析,得出山东能源物供体系改革创新的方向。

第四章开展山东能源物供体系改革创新顶层设计。基于山东能源的战略定位和发展理念,结合物供特征和发展趋势,构建了以大物供、生态化、智慧化为创新原则的集团集中管控的物供管理新模式,建立战略层的定位与管控架构、业务层的资源与平台架构和支撑层的技术与管理架构相协同的全供应链智慧物供服务体系。

第五章主要阐述山东能源的"一统二融三化二翼"全供应链智慧物供体系建设举措。战略层形成以"一统"为核心的集中管控模式,涉及集中管控的组织管控、业务管控和价值管控;业务层形成以业务与平台融合的"二融"运营机制,基于全生命周期的物供运营模式;业务层搭建物资采供精益化、物供管控数字化、物供服务生态化"三化"运营策略创新特色;支撑层构建以技术和管理为"二翼"的协同集成创新,技术创新突出数据驱动的物供技术应用和全生命周期的技术管理机制,管理创新强调物供治理制度化、管理基础标准化和员工价值共创化。

第六章聚焦山东能源全供应链智慧物供体系建设的典型经验。从治理模式、物供业务、管理机制和技术支撑四个维度对山东能源物供体制的典型经验做法进行提炼总结,重点分析每个物供经验的实施背景、实施目的、具体做法和实施效果,以期形成可复制推广的物供管理典型经验。

面向未来,山东能源将聚焦对内保供、对外服务的定位,围绕"建设智慧采购、智慧仓储、智慧配送、智慧调剂、智慧处置的全供应链智慧服务管理体系",重点发展招标采购、非招标采购、智慧仓储、智慧调剂、智慧处置、数字产业化、供应链增值业务拓展等领域,打造与世界500强企业相匹配的行业领先、国内知名、国际先进的物供管理体系。

目　　录

第一章　山东能源集团物供体系改革创新现实基础

第一节　山东能源集团概况

党的二十大报告指出,要深入推进能源领域体制机制改革创新,加强能源产供销体系建设,确保能源产业链供应链可靠安全[1]。山东能源集团有限公司(以下正文中简称"山东能源")作为山东省唯一一家资产总额、营业收入"双 7 500 亿"能源企业集团,一直致力于集团产供销体系的创新变革,助力能源产业链供应链高质量发展。

山东能源是目前全国唯一一家拥有境内外四地上市平台的大型能源企业,以矿业、高端化工、电力、新能源新材料、高端装备制造、现代物流贸易为主导产业,位居中国能源企业 500 强第 5 位、中国企业 500 强第 23 位、世界 500 强第 69 位[2]。为顺应国内外能源产业发展趋势、巩固和提高山东省在国家能源战略中的地位、创造经济发展新优势、提高产业集中度和市场竞争力,山东能源历经两次重组变革。2011 年 3 月,新汶、枣庄、淄博、肥城、临沂和龙口这 6 家山东省管矿业集团整合组建成原山东能源集团,各集团子公司属于独立法人,实行集团管控。山东省委、省政府于2020年7月联合重组原兖矿集团、原山东能源集团,组建成立山东能源集团。

山东能源定位为山东省能源产业的国有资本投资公司,承担着贯彻实施山东省委、省政府战略意图,保障全省能源安全,优化能源布局,优化能源结构的职责使命,以矿业、高端化工、电力、新能源新材料、高端装备制造、现代物流贸易"六大产业"为主导,煤炭产业国内外产能3.4亿吨/年,产量位居全国煤炭行业第三位,矿井智能化生产水平居行业前列。山东能源顺应"碳达峰碳中和"战略,聚焦绿色低碳高质量发展,致力于打造全球清洁能源供应商和世界一流能源企业。

山东能源拥有兖矿能源、新矿集团、西北矿业、鲁西矿业、枣矿集团、新疆能化、化工公司、内蒙古盛鲁能化、贵州矿业、新能源公司等20多家二级企业,业务布局主要分布在国内山东、内蒙古、新疆、陕西、贵州、甘肃、海南、上海以及境外澳大利亚、加拿大、泰国、拉美地区,境内外上市公司11家,从业人员22万人。山东能源重组历程及产业板块如图1-1所示。2022年,山东能源实现营业收入8 270亿元、利润总额940亿元、年末资产总额9 500亿元,位居中国能源企业500强第5位、中国企业500强第22位、世界500强第72位,被国务院国资委评为"公司治理示范企业",权属企业兖矿能源集团市值突破2 200亿元,荣获第七届中国工业大奖。

随着山东能源构建"3+3"产业体系、深化产业区域整合重组的进程加快,资产证券化成为山东能源整合协同、做大做强的重要举措。物供管理作为山东能源产业链供应链价值链的核心环节,物供体制改革紧跟山东能源整体发展步伐,在集团公司集中管控下,立足安全优质保供主责,匹配业务发展需求,持续深化物供体制改革。

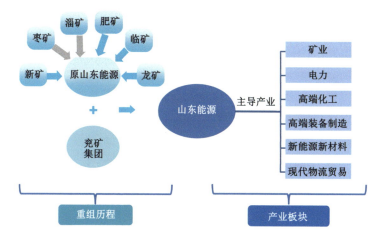

图 1-1　山东能源重组历程及产业板块

第二节　物供管理变迁历程

山东能源作为山东省国有煤炭企业组建的能源集团,肩负山东省能源安全、优化能源布局、优化能源结构的职责使命,其物供体系发展史便是一部山东省国有煤炭企业物供体系的变革史。山东省国有煤炭企业在长达 50 余年的发展历史中,经历了复杂多变的"集权—分权—集权"管控模式。物供作为煤炭企业有序经营的关键要素和管理创效的重要来源,为贯彻党中央部署、适应国内外市场环境的变化和实现煤炭企业高质量发展的目标,经历了一个复杂多变的历程。

在山东能源成立之前,山东省煤炭企业物供模式先后经历了计划经济集中物供、市场经济初期分散采购、公司集权式采购、市场化的分散采购、市场开放下的集中采购等几个阶段,山东省 7 大矿业集团(兖矿、新矿、枣矿、淄矿、肥矿、临矿、龙矿)物供实行分权管理,没有实现真正的统一;2011 年 3 月整合 6 大矿业集团(新汶、枣庄、淄博、肥城、临沂、龙口)重组后的山东能源成立物资供应中心,对物资供应和销售实行统一管理,实现了山东省煤炭物供的初步统一;2020 年 7 月在兖矿能源并入后,成立了山东能源集团物资有限公司(以下简称"山能物资"),对物供实行专业化和一体化管理,实现了山东省煤炭物供的真正统一。整个变革历程见图 1-2。

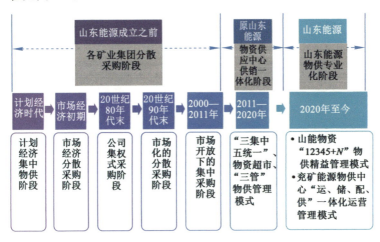

图 1-2　山东能源物供模式变革历程

一、矿业集团分散采购阶段(2011 年以前)

山东能源成立以前,山东省 7 家矿业集团(兖矿、新矿、枣矿、淄矿、肥矿、临矿、龙矿)各自负责所辖范围内的物资供应。计划经济时代,物资贫匮,各煤炭企业全部物资按国家计划统一调拨,采取定额管理和供给,物资供应商以行政管理为主。市场经济初期,因物资种类繁杂、各矿井地理位置分散、生产差异性大等原因,逐步形成了各矿井物资分散采购的模式[3-4]。各矿务局设有物供管理处(或物供管理办公室),负责辖区内整体物供工作的协调和管理,各生产矿井拥有独立物资采购权,负责该矿井所需物资的采购和供应。随着市场经济进一步深化,除兖州矿务局成立物资部外,山东省其余各矿务局均成立物资供应公司,实行公司制物供管理模式,实现物供各流程全集中统一管理。20 世纪 90 年代,随着国家物资流通体制的改革,国家统配和部管物资的比重逐渐下降,煤炭供销的计划性管理被打破,物资供应公司也被解散,各生产矿井物资供应各自为政,部分矿业集团物资供应完全市场化,实行分散采购模式。2000 年以后,我国煤炭行业扭亏为盈,迎来黄金发展的十年,价格不再是煤炭企业物资采购的关键影响因素,煤炭企业积极推进物供管理的一体化和规范化变革,各生产矿井作为生产主体,负责煤炭开采和物资需求计划的提报,各矿业集团公司统一收回采购权,成立物资供应部门,集中负责所辖生产矿井的物资供应、仓储、采购、储备资金、人员分配等,从集团层面整合资源,实现集团层面物供集中管理,发挥集团公司的资源协同效应和规模效应[5]。

二、物资供应中心供销一体化阶段(2011—2020 年)

2011 年 3 月 21 日,山东省 6 家矿业集团(新汶、枣庄、淄博、肥城、临沂、龙口)整合重组成立山东能源,对"人、财、物"实行集中管控:对内设立物资供应中心,对各矿业集团大宗物资贸易进行集中管理;对外成立山东能源国际贸易有限公司,借助山东能源的品牌优势从事大宗物资贸易。山东能源在此阶段的物供模式主要是集中统一的供销一体化模式,如"三集中五统一"的集权式物供管理模式,通过"人、财、物"三集中和"计划、订购、分配、调度、管理"五统一,从根本上克服以往"家家留储备""货到地头死"的弊病;如物资超市的物供管理模式,通过代储代销,在保证生产需要的前提下,有效地降低了库存储备;如"三管"的物供管理模式,通过管集采、管平台、管供应商"三管"模式,向集采创效、协同增效、平台管控、服务提升转变。山东能源大宗物资集采的迅速崛起,充分发挥了山东能源的品牌影响力、集采的规模效益和协同效用。

三、山东能源物供专业化阶段(2020年至今)

2020年7月,原山东能源与兖矿能源联合重组新山东能源,煤炭物资供销分离,借助两大集团公司的物供管理资源优势,新山东能源基于大物供理念,推进物供全生命周期管理,实现需求计划、招采、仓储、配送、调度、调剂、废旧处置、纪检监察等业务环节与供应商、物流、金融、服务等产业要素集约化管理。其中,兖矿能源的职能部门物资供应中心承担集团上市公司物供业务,山东能源全资子公司山能物资承担集团非上市公司物供业务。山能物资秉承"规模创造效益、协同创造价值、数字创造未来、品牌创造辉煌"的发展理念,实施集团非上市公司业务板块的集中采购、集中仓储、集中招标和集中配送,按照"专业化、区域化、平台化、一体化"管控思路,构建集采效益放大、资源统一配置、物资集中储备、服务优质高效的区域物供模式。兖矿能源物供中心聚焦"阳光透明、开放共享、优质高效",承担兖矿能源矿业、化工、新能源、高端装备制造、智慧物流"五大板块"的物资供应,成立兖矿物流科技有限公司,负责大宗物资运输和煤炭储配业务,按照"实体+平台"发展模式,着力推进"运、储、配、供"一体化建设和运营。

为建成与世界500强企业相匹配的行业领先物供管理体系,山东能源必将秉承先进的物供理念和采供模式,进一步明确自身的战略功能定位,整合重组物供资源,着力打造制度化、标准化、智慧化、透明化的精益智慧物供体系,提升物供板块的战略保供创效能力,走出一条山东能源特色的物供集团化管控发展道路。

第二章　山东能源集团物供体系
改革创新环境分析

第一节　宏观形势分析

一、宏观经济增速放缓削弱能源消费需求

当今全球经济增长疲软,受贸易摩擦、新冠疫情等多重因素影响,国际形势不稳定性、不确定性明显增加。当今世界正在经历百年未有之大变局,我国已转向高质量发展阶段,主要特征是从"数量追赶"转向"质量追赶",从"规模扩张"转向"结构升级",从"要素驱动"转向"创新驱动",从"分配失衡"转向"共同富裕",从"高碳增长"转向"绿色发展"[6]。我国宏观经济发展由长周期高速发展转为中高速发展,第二产业比重持续回落,能源消费增速放缓,煤炭消费增速大幅下降。

(1)宏观经济发展减速换挡趋势影响能源需求。1979—1993年,国内生产总值年均增长 17.5%;1994—2002 年,国内生产总值年均增长 12.2%;2003—2013 年,国内生产总值年均增长 15.7%;2014—2018 年,国内生产总值年均增长 7.3%;2019 年,

国内生产总值增长 6%;2020 年,受新冠疫情影响,国内生产总值增长 2.3%;2021 年,国内生产总值增长 8.1%;2022 年,国内生产总值为 121 万亿元,同比增长 3.0%[7]。"十四五"期间增速将保持在合理区间。从以上数据可以看出,我国宏观经济发展减速换挡趋势明显,直接影响能源消费总量。

(2)我国经济结构调整步伐加快,特别是第二产业比重持续回落,对能源需求的拉动力明显减弱。1978—2022 年,第一产业比重由 27.7%下降到 7.3%,回落了 20.4 个百分点;第二产业比重由 47.7%回落到 39.9%,回落了 7.8 个百分点;第三产业比重由 24.6%上升到 52.8%,增加了 28.2 个百分点。三次产业结构变化,带动全社会投资形式变化。全社会固定资产投资增速由 2010 年的 23.8%下降到 2022 年的 4.9%,对能源需求的拉动力明显减弱[7]。

(3)电力、冶金、建材、化工等高耗能产业增速回落,直接带动煤炭消费需求大幅下降。全国火电发电量年均增速在 2002—2013 年为 11.1%,而在 2014—2022 年快速下滑(见图 2-1)。

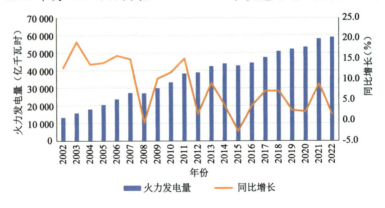

图 2-1　2002—2022 年中国火电发电量及增速

(数据来源:国家统计局网站)

2022 年全国粗钢产量为 10.2 亿吨,同比下降 1.7%(见图 2-2)。
2022 年全国水泥产量为 2.1 亿吨,同比下降 10.4%(见图 2-3)。

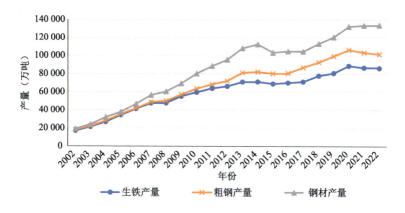

图 2-2 2002—2022 年全国生铁、粗钢、钢材产量变化趋势

(数据来源:国家统计局网站)

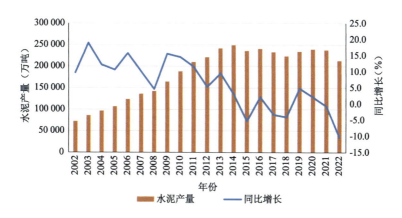

图 2-3 2002—2022 年全国水泥产量及增长趋势

(数据来源:国家统计局网站)

2022 年全年全国能源消费总量为 54.1 亿吨标准煤,比上年增长 2.9%,煤炭消费量占能源消费总量的 56.2%,比 2005 年下降 16.2 个百分点。我国"十四五"规划指出,到 2025 年,单位国内生产总值能源消耗和二氧化碳排放分别降低 13.5% 和 18%[8],预计未来重点耗能行业发展减速、能源效率提升将抑制煤炭需求增长。

从以上宏观经济环境分析可以看出,随着经济增速的放缓,煤炭市场需求呈现下行趋势,给煤炭企业带来了新的挑战。

二、国家政策提出产业链供应链发展新要求

我国拥有世界上最完整的产业链供应链,能够构建以国内大循环为主体、国内国际双循环相互促进的新发展格局,为我国有效应对各种风险挑战提供有力支撑。近年来,我国高度重视产业基础高级化和产业链供应链现代化建设。党的十九大报告提出"在中高端消费、创新引领、绿色低碳、共享经济、现代供应链、人力资本服务等领域培育新增长点、形成新动能"。党的十九届五中全会提出"要提升产业链供应链现代化水平,发展战略性新兴产业,加快发展现代服务业,统筹推进基础设施建设,加快建设交通强国,推进能源革命,加快数字化发展"。《中华人民共和国国民经济和社会发展第十四个五年规划和 2035 年远景目标纲要》提出"分行业做好供应链战略设计和精准施策,形成具有更强创新力、更高附加值、更安全可靠的产业链供应链"[8]。《"十四五"现代能源体系规划》提出要增强能源供应链稳定性和安全性[9]。党的二十大报告指出要加强能源产供销体系建设,确保能源、产业链供应链可靠安全,着力提升产业链供应链韧性和安全水平[1]。

为顺应新时代产业链供应链变革的主题,山东能源物供体系围绕物资供应链部署创新链、围绕创新链布局产业链,以创新引

领同构物供产业链、供应链、价值链和生态链,这是推动山东能源高质量发展的应有之义。

三、数字经济推动物资供应链管理转型升级

我国科技正处于以第四次工业革命为统领,以大数据化、智能化、绿色化、信息化为发展方向,以云计算、大数据、工业互联网、区块链、人工智能、5G 等技术为重点,加速腾飞、日新月异的创新发展时期[10-12]。在煤炭企业数字化转型过程中,"数据"发挥了举足轻重的作用,日益成为重要战略资源和新生产要素。以云计算、大数据、工业互联网、区块链、人工智能、5G 等为代表的通用技术,围绕着数据孤岛、数据质量低、可视化难度大、数据挖掘浅等问题,提供智能数据全生命周期管理,能够为煤炭企业打造覆盖"采、存、管、用"的全产品线,解决煤炭企业数字化转型升级过程中数据类的痛点,为煤炭企业提质增效提供良好的服务能力[13]。

同时,一些专用技术(如智慧供应链)兴起为企业数字化转型提供支持,当下"智慧供应链"常用的专用技术包括需求协同 MIS、供应商协同 SRM、订单管理系统 OMS、运输管理系统 TMS、仓储管理系统 WMS、物资管理、生产管理、销售管理及成本管理系统 SAP 和 ERP 等等。在数字经济浪潮中,这些新型专用技术的发展为煤炭企业进一步强化企业数字化转型提供了有力支撑。2022 年,40 家央企纷纷发布数字化转型路线图,积极践行产业数字化和数字产业化,推动数字经济发展[14]。

在数字经济浪潮中,山东能源物供体系进一步强化数字化转型力度,利用新兴信息技术提升物供运营效率,积极投身集团互联网生态圈建设,从而实现物供管理的数字化、智慧化转型。

四、国企深化改革提升公司治理水平

国资委在国企改革三年行动、国有企业数字化转型、对标世界一流管理提升行动、物资管理对标等工作中对央企公司治理提出了更高的要求。《关于开展对标世界一流管理提升行动的通知》(国资发改革〔2020〕39号)提出:将精益管理运用到研发设计、生产制造、供应链管理等全流程全链条,以最小资源投入,创造更多更大价值;着力优化物资供应管理,提升采购的集约化、规范化、信息化、协同化水平,实现采购优质优价和全生命周期总成本最低[15]。国有企业改革"1+N"政策体系明确了深化国企改革的目标任务和重大举措[16]。在改革政策支持方面,赋予企业更大的改革自主权,更加尊重基层首创、鼓励探索创新,让改革真正地行之有效,切实提升企业活力和效率。

山东能源物供体制改革应紧跟集团现代企业制度改革步伐,紧密围绕集团创建公司治理示范企业、创建集团管控模式示范企业、创建三项制度改革示范企业、创建产权制度变革示范企业的"四创建"目标,通过以重组推改革、以改革促发展,进一步完善物供板块产权结构、治理模式、权责分配等,激发企业的经营活力。

综上所述,全球经济增速的放缓、能源产业链供应链高质量发展的要求、数字经济的推动和国企深化改革的实施给山东能源带来了新的挑战。为建成与世界500强企业相匹配的物供体系,山东能源需建立集中统一的物供管理体制,最大限度实现集采创效和协同增效;以创新引领同构物供产业链、供应链、价值链和生态链,实现集团高质量发展;进一步强化物供管理数字化、智慧化转型力度,投身集团互联网生态圈建设;完善集团物供体制机制改革,进一步激发集团的经营活力。

第二节　行业态势分析

一、能源结构调整推动煤炭行业转型升级

2020 年 9 月,习近平总书记在第七十五届联合国大会一般性辩论中提出"双碳"目标。2021 年 11 月,国资委发布的《关于推进中央企业高质量发展做好碳达峰碳中和工作的指导意见》中指出"中央企业要推进煤炭消费转型升级,严格合理控制煤炭消费增长"[17]。2021 年 11 月,工业和信息化部发布的《"十四五"工业绿色发展规划》提出要"严格控制钢铁、煤化工、水泥等主要用煤行业煤炭消费,鼓励有条件地区新建、改扩建项目实行用煤减量替代"[18]。2021 年 9 月,《中共中央、国务院关于完整准确全面贯彻新发展理念做好碳达峰碳中和工作的意见》指出"严格控制化石能源消费,加快煤炭减量步伐"[19]。党的二十大报告进一步提出"要立足我国能源资源禀赋,坚持先立后破,有计划分步骤实施碳达峰行动。完善能源消耗总量和强度调控,重点控制化石能源消费,逐步转向碳排放总量和强度'双控'制度"[1]。这一系列国家政策的推出,加快推进能源结构由化石能源为主体向以非化石能源为主体转变,节能低碳绿色发展更加凸显。近年来,我国能源结构逐渐发生变化,清洁能源所占比重逐渐增加,煤炭、石油等传统化石燃料占比逐渐减小,见图 2-4。我国"十四五"规划指出,到 2025 年非化石能源占能源消费总量的比重提高到 20％左右,预计能源结构调整将抑制煤炭需求增长。

"双碳"目标倒逼煤炭企业产供销供应链产业链加速清洁绿色转型,安全绿色环保的要求使得山东能源在物供体系改革中更加注重安全绿色高效的物供发展,着力推动企业向绿色物资供应链管理转型,更加重视自身绿色采购、仓储、使用、再利用和节能

减排工作,助力国家碳达峰碳中和目标早日实现。

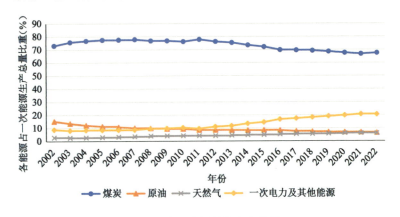

图 2-4　我国能源结构变化状况

（数据来源：国家统计局网站）

二、煤炭企业兼并重组提升行业集中度

在国家及地方政策推动下,煤炭行业并购重组持续展开,煤炭资产整合范围由央企扩大到地方国企,继中煤集团牵头成立央企整合平台(国源煤炭资产管理有限公司、神华集团与国电集团合并成为国家能源集团)之后,省级国有煤炭集团资产整合纷纷推进,煤炭市场格局和竞争态势发生变化,煤炭产业集中度将进一步提升。

2020 年以来煤炭行业继续深化供给侧结构性改革,新一轮煤炭企业战略性重组步伐加快,2022 年中国煤炭企业 50 强显示,2021 年中国煤炭企业煤炭产量千万吨级以上企业共有 36 家,产量在 1 亿吨以上的煤炭企业有 6 家,产量在 5 000 万吨至 1 亿吨的企业有 9 家,产量在 1 000 万吨至 5 000 万吨的企业有 21 家[20]。煤炭资产整合重组进一步提高了行业集中度,优化行业供给结构,提升龙头煤炭企业的综合竞争力和盈利能力,培育了一批具有世界一流企业潜力的大型煤炭(能源)企业集团,近年来我国八大煤炭企业行业集中度(CR8)呈逐年上升趋势(见图 2-5)。通过与上市企业兖州煤业的重组,山东能源发展潜力显著提升、煤炭主业进一步做强做优做大。

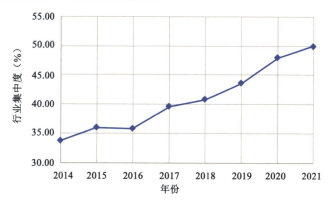

图 2-5　近年我国煤炭行业集中度 CR8 变化情况

(数据来源:中国煤炭工业协会)

三、国家战略部署促进煤炭行业物供管理现代化发展

在国家数字化战略和双碳目标发展背景下,煤炭行业为响应新时代供应链变革、数字化转型和信息技术创新发展主题,物供管理在集约化管控、物资全生命周期管理、数字化转型和协同增效方面表现突出。

物资集中管控趋势日渐显现。为适应煤炭行业集团化发展趋势、完善煤炭行业产供储销体系、赋能煤炭物资保供增效,诸多大型煤炭企业集团尤其是国有煤炭企业创新变革物资管控模式,加大集团公司总部对物资集约化管控的范围和力度,如国家能源集团采用"三位一体"、两级集采模式,陕西煤业化工集团采用"一套码"、完善"一张网",坚持"公开招商、竞争谈判,网上交易、线下交割"的集采模式。

物资全生命周期绿色供应链管理日益普及。为贯彻国家绿色、创新等新发展理念,推进煤炭行业提质增效、绿色发展,煤炭企业日益重视物资全生命周期管理,如国家能源集团持续深化物资全生命周期管理,健全完善物资与采购全生命周期监管体系,打造集团稳定可靠、现代智慧供应链,推进物资资源创造价值、强化废旧物资循环利用、健全物资退出的保障机制。

物资供应链管理数字化转型趋势明显。煤炭企业物资管理积极推进现代智慧供应链建设,建设智慧物流供应链综合服务平台,突出数字化、网络化、智能化优势,深入推进业务数据化、数据业务化,更多赋能供应链,增强物资供应链韧性和抗风险能力,提升物资精细化管理、可视化运营、智能化决策水平,助力企业高质量发展。如国家能源集团积极应用新兴信息技术,物资公司依托国能 e 购平台优势,深度融合 5G、区块链等技术,打造国能 e 购"云监造"平台,实现"实时在线、远程管控、可视可朔、智能管理"监造新模式[21]。发挥专家智库作用,完善采购需求预测、历史价格参考、区域平衡利库等模型算法,挖掘数据价值,赋能物供管理,实现数据驱动运营、指标助力决策的功能。

综上所述,随着煤炭行业产供销供应链产业链的绿色转型和行业集中度的逐年提升,山东能源物供体系需积极响应新时代供应链变革、数字化转型和服务生态化创新发展主题,在集团化管控、数字化平台构建、全生命周期大物供生态建设等方面进行一系列创新变革,打造煤炭行业物供示范标杆,助推煤炭行业产业链供应链高质量发展。

第三节 标杆企业分析

从国际、国内先进行业和煤炭行业选择嘉能可集团、中国石化集团、国家电网、国家能源集团和陕西煤化集团作为对标企业,系统剖析其物供体系的组织模式、管控模式、运营模式和典型做法,并与山东能源物供体系进行对比分析。

一、嘉能可集团

嘉能可斯特拉塔股份有限公司(以下简称"嘉能可")是全球大宗商品交易巨头、世界上最大的全球多元化自然资源公司之一,2022 年营业收入 2 559.84 亿美元,利润 173.20 亿美元,位列 2023 年世界 500 强第 21 位[22]。其主营业务包括综合商品生产及营销,形成了多元化与一体化集合的商业模式,以"贸易＋实体"的发展模式打通产业链、掌控行业定价权。嘉能可采用工业业务和营销贸易双轮驱动的商业模式[23]。

（一）物供组织模式

嘉能可面向汽车业、钢铁业、发电业、石油及食品加工业等行业,通过自产或向第三方生产商采购的方式组织货源,并建有自身的物流体系和运输队伍,在不断整合上下游产业链的过程中完善物流服务,使其能敏锐地利用需求和供应的不平衡,快速响应市场需求。

（二）物供管控模式

嘉能可采用单一董事会制,实行扁平化管理。董事会主要负责集团的管控以及财务业绩、战略方向、重大收购及出售、整体风险管理、资本支出和营运预算、商业计划等事项;下设审核委员会、薪酬委员会、提名委员会及健康、安全、环保及社区委员会。同时,嘉能可在发展产业时进行了大量投资并购,通过不断地并购扩大集团规模,并对各产业板块施行战略管控。

(三)典型做法

1."制造十贸易"的双重身份

嘉能可拥有生产商和经销商的双重身份,通过打通产业链,发掘供应链中既存的价值及套利机会。产业链上纵向的整合并购使其获得了行业垄断的地位,把握了定价权;横向的投资并购扩大了企业的规模,使经营范围多元化,抢占了市场份额。

2."多元十规模"的经营范围

作为全球商品生产商和营销商,嘉能可在地理、产品和活动方面具有独特的多元化,并与各行各业不同地区的供应商及客户群建立了长期业务关系。庞大的物流网络和储存设施,为其大宗商品交易和生产业务获得了规模优势,从而使得成本降低、效率提升。

3."信息十金融"的套现模式

嘉能可在全球设置交易员,通过交易员的信息共享构建信息网络,能够以最快的速度获取全球大宗商品市场的信息,掌握市场先机。而其扁平的管理制度和交易员极大的自主权,加上对于价格的影响力,使其利用金融衍生品等工具展开地缘、时间和交易品种三个维度的套利。

二、中国石化集团

中国石油化工集团有限公司(以下简称"中国石化集团")是中国最大的成品油和石化产品供应商、第二大油气生产商,是世界第一大炼油公司、第二大化工公司,2022年营业收入4 711.54亿美元,利润96.57亿美元,位列2023年世界500强第6位[22]。中国石油化工股份有限公司是中国石化集团控股子公司,是一家上中下游一体化、石油石化主业突出、拥有比较完备销售网络、境内外上市的股份制企业。

（一）物供组织模式

中国石化集团建立了规范的法人治理结构，实行集中决策、分级管理和专业化经营的事业部制管理体制。基于集团化集中管控的物供模式，中国石化集团在集团公司设立职能部门物资装备部，在控股上市公司中国石油化工股份有限公司设置职能部门物资装备部，并成立上市公司全资持股的有独立法人资格的中国石油化工股份有限公司物资装备有限公司。

（二）物供管控模式

中国石化集团采用集团化物供管控方式，集团化采购实施统一管理，按目录操作，物资装备公司授权各区域分公司集中采购中心和企业（分工负责）的管控方式。中国石化物资装备公司是总部授权集中采购的运作主体，负责对总部授权集中采购物资组织实施框架协议采购。

（三）物供运营模式

中国石化集团实行以集中统一、专业化分工与专业化管理有机结合为主要特征，以"归口管理、集中采购、统一储备、统一结算"为主要内容的物供运营模式；建设形成采购管理体制、运行机制、管理制度、业务流程、供应资源平台、电子商务平台和招投标平台"七统一"的集中采购体系；实行以过程公开透明、信息高度集成为主要特征的电子化采购，建设"业务公开、过程受控、全程在案、永久追溯"的物资采购阳光工程。

（四）典型做法

1. "集中管控＋业务延伸"的物供模式

基于集中管控物供模式，设置集权协同的物供组织，并拓展物供全资子公司业务范围，延伸至设备监造、房地产开发、技术开发咨询服务等领域。

2. 统一的阳光采购模式

构建集采购管理体制、运行机制、管理制度、业务流程、供应资源平台、电子商务平台和招投标平台"七统一"的采购体系,实行以"归口管理、集中采购、统一储备、统一结算"为主要内容的采购管理体制,全面打造"业务公开、过程受控、全程在案、永久追溯"的物资采购阳光工程。

三、国家电网有限公司

国家电网有限公司(以下简称"国家电网")以投资建设运营电网为核心业务,是关系国家能源安全和国民经济命脉的特大型国有重点骨干企业,2022年营业收入5 300.09亿美元,利润81.92亿美元,位列2023年世界500强第3位[22],连续19年获国务院国资委业绩考核A级,连续8年获中国500最具价值品牌第一名,获评绿色供应链管理企业,是全球最大的公用事业企业,也是具有行业引领力和国际影响力的创新型企业。

(一)物供组织模式

国家电网全面实施一级管控,取消"网省公司组织实施"模式,完善"总部直接组织实施"模式。总部下设二级单位物资管理部(招投标管理中心)和全资子公司国网物资有限公司,统一负责集团物资的集约化经营管理。

(二)物供管控模式

国家电网实施"总部统一组织、省公司具体实施"的物资集约化管控模式,建立了统一的物资管理体系,全面建设"三集五大"(人力资源、财务、物资集约化管理;大规划、大建设、大运行、大检修、大营销)体系,打造世界一流电网、国际一流企业。

(三)物供运营模式

国家电网围绕"一强三优"(电网坚强、资产优良、服务优质、业绩优秀)现代公司战略目标,适应"三集五大"体系建设需要,深化物资集约化"三个机制"(集中采购机制、供应保障机制、质量管控机制)建设,着力提升"四种能力"(资源统筹能力、集中采购能力、质量管控能力和供应保障能力),构建集中统一集团化采购平台和物资调配平台,建设国网特色现代物流体系以及物资调配中心、供应商服务中心、物资质量检测中心,打造国内领先、国际一流的供应链管理体系。

(四)典型做法

1. 电子商务平台统一采购

国家电网在电子商务平台上全面部署招标采购、竞争性谈判、超市化自助采购、废旧物资网上竞价等多种采购方式,全面满足各种采购需求,总部和省公司所有采购一律在统一平台上实施。总部实时、全程监控采购过程,做到采购行为更加规范、采购过程更加透明、采购管控更加严格,真正实现"流程统一、操作公开、过程受控、全程在案、永久追溯"。

2. 完善物资供应保障体系和质量管控机制

根据"三集五大"体系建设需要,建立配套的物资供应保障体系,推动"三个转变"(仓储资源由分散管理向集约管理转变、配送业务由被动满足向主动服务转变、履约协调由分段管理向统筹管理转变),为"三集五大"业务和公司生产运营提供支撑。同时,完善"依靠业主单位、联合专业部门、突出生产厂家"的质量管控机制,在设备全寿命周期内,全方位、全过程加强设备材料各环节质量闭环管控。

四、国家能源集团

国家能源投资集团有限责任公司(以下简称"国家能源集团")是于 2017 年由中国国电集团公司和神华集团有限责任公司联合重组而成的中央骨干能源企业,是集央企联合重组、国有资本投资公司改革、创建世界一流示范企业、国有企业公司治理示范企业"四个试点"于一身的中央企业,拥有煤炭、电力、运输、化工等全产业链业务,是全球规模最大的煤炭生产公司、火力发电公司、风力发电公司和煤制油煤化工公司。其2022年营业收入1 215.84亿美元,利润56.99亿美元,2023年在世界500强排名第76位[22]。

（一）物供组织模式

国家能源集团分别设立物供监督管理部门与业务运营部门,物供监督管理部门（集团公司职能部门——物资与采购监管部）负责物管政策制定与考核、供应商管理、质量监管、采购平台监管、绩效考核等职能;物供业务运营部门（包括国际工程咨询有限公司、物资有限公司等集团公司下属独立子公司）负责物资需求计划制定、采购、仓储、配送、闲置废旧物资处置等物供业务运营。

（二）物供管控模式

国家能源集团采用"集中管控、管办分离"的物供管控模式。物资与采购监管部负责"管"的工作,工程公司负责招标业务、物资公司负责非招标业务的"办",采购单位（各煤矿等物资需求和使用单位）执行统谈结果,签订合同,结算付款。在采购管理工作中遵循"统一管理、分级负责、统谈分签"原则,采取两级集采模式,形成了集团统一领导协调,总部、子分公司、基层企业分级负责,招标、非招标采购授权实施的管控模式。

（三）物供运营模式

国家能源集团遵循"统一管理、分级负责"的物供原则,围绕物资供应全生命周期,在采购、仓储、运输、废旧物资处置等环节,全面推进网络化、信息化、平台化建设,以全面实现"100%集中、100%上网、100%公开"为目标,形成了集团统一领导协调,总部、子分公司、基层企业分级负责,招标、非招标采购授权实施的物供思路。集团公司、工程公司、物资公司主要负责采购业务,其中进口商品采购采用统谈统签、国内商品采购采用统谈分签运营模式;非集中采购业务由物资使用单位负责执行。

（四）典型做法

1．"管办分离、统谈分签"集中管控模式

在物供组织和功能定位方面,分别设立物供监督管理部门与业务运营部门,物资与采购监管部负责"管"的工作,业务运营部门负责物供"办"的工作,物供业务运营部门与供应商统谈,采购单位执行统谈结果,分别签订合同,结算付款。

2．信息化驱动的集中管控

国家能源集团为强化集团集中管控,依托 ERP 系统建设与推进,坚持"一个集团,一套系统"的原则,对物资管理、人力资源管理、财务管理、设备管理、销售管理、风险管理等功能模块,统一数据标准和数据底座,实现了数据自动归集、自动分类、智能分析功能。国家能源集团贯彻规划、标准、投资、建设、管理、运维的管理过程统一,强化经营管控类系统的融合建设,最终实现两大集团重组后的系统融合,以及全集团的大统一和全覆盖。

3．智能化协同的业务管控

国家能源集团秉承物供信息化系统建设项目中业务流程信息标准化、精细化、规模化"三步走"的发展策略,着力提升物供集约化管理水平,形成了围绕 SRM 系统,覆盖 ERP 系统、电子招投标系统（IBS）、主数据管理系统（MDM）、采购电子商务等平台的国家能源物资管理信息化系统[24],实现了物供各业务流程的智能化、协同化、一体化,为集团保供和盈利都提供了重要支撑。

五、陕西煤化集团

陕西煤业化工集团有限责任公司（以下简称"陕西煤化集团"）是陕西省能源化工产业的骨干企业,2022 年营业收入 758.71亿美元,利润 13.86 亿美元,2023 年位居世界 500 强第 169 位[22]。企业已形成了煤炭开采、煤化工、燃煤发电、钢铁冶炼、机械制造、建筑施工、铁路投资、科技、金融、现代服务等相关多元互补、协调发展的产业格局。其旗下二级全资、控股、参股企业 60 多个,上市公司 5 家,员工总数 14 万余人,资产总额达到 7 200 亿元[25]。

（一）物供组织模式

陕西煤化集团下设子公司陕西煤业化工物资集团有限公司（100％控股）和陕西陕煤供应链管理有限公司（51％控股），负责上市子公司陕西煤业股份有限公司的物供业务。陕西煤业物资有限责任公司对接集团内部物供业务,陕西陕煤供应链管理有限公司着重进一步开拓大宗物资供应链对外经营业务。

（二）物供管控模式

陕西煤化集团采用"集中管控、保供与社会服务并行、管办结合"的物供管控模式,通过以智慧物流为统揽的"三网一平台"（物流基地网络、风险防控网络、专业化运营网络和智慧物流综合服务平台）,与陕煤内部大市场、仓储管理系统、SAP 系统、MDM 系统等采供平台的数据实现实时交互,实行平台化线上管控。

（三）物供运营模式

陕西煤化集团物供体系主要依托陕西煤业化工物资集团有限公司（以下简称"陕煤化物资集团"）运营管理,采用"一张网、一套码、两集中、零库存"的物供运营模式。陕煤化物资集团基于"三商一体"（集供应链集成商、工业企业物流服务商、金融贸易物流运营商为一体）的企业定位和"一体两翼"（以物流为主体,金融和贸易为两翼）的发展模式,形成了物资集团"5431"（社会贸易 5大中心、区域社会物流 4 大中心、两条主线融合发展 3 大功能平台、工程咨询服务 1 个板块）的发展格局。

（四）典型做法

1. "产业链＋供应链"发展模式

陕西煤化集团针对煤基产业产供销各自为政的发展难题,设置了专业化的物资集团、铁路物流集团、供应链管理公司等二级单位,并通过智慧物流综合服务平台的建设,促进信息的共通共享,形成集团总公司一体化的物供体系。与此同时,陕西煤化集团坚持"以煤为基、能材并进、技融双驱、蜕变转型",凭借区域政策优势,在煤炭、化工、物流、钢铁等领域进行了深度布局,并面向社会延伸供应链服务,形成了产业链培育供应链、供应链拓展产业链"双链互动"的发展模式。

2."平台化＋专业化"供应链服务体系

陕西煤化集团建有陕煤物资商城、西煤云仓、供应商协同管理平台、招采平台、MDM 主数据平台、SRM 寻源管理平台、内部大市场平台、商务智能平台等物供管理平台,努力提升全球资源配置能力和供应链集成服务能力。同时,企业构建了以"10 纵 3 横"为核心的专业化服务体系,即做"粗"做"长"有色金属、煤炭焦炭、化工品、矿石、钢铁、合金、油品、矿用物资、跨境电商、融资租赁 10 条专业化供应链,做"专"做"优"进出口、物流、金融 3 大专业协同供应链,打造互融共促、高效协同的供应链服务体系。

3.智慧供应链平台运营支撑

陕西煤化集团物供板块基于"三商一体"企业定位(集供应链整合商、工业企业物流服务商、贸易与金融运营商融合共生的综合体),建设以智慧物流供应链为统揽的"三网一平台",打造物资供应智慧化新体系,推动企业高质量发展。

六、综合评述

综上所述,标杆企业在各自专业领域均处于行业领先地位,均选择多元化产业布局;在组织模式上主要采用集团总部设置职能部室负责物供业务监管,同时设立专业化独立子公司进行物供业务运营的方式;在管控模式上均采用了集团集中管控物供业务的方式;在运营模式上充分利用信息技术打造专业化物供平台,实现了物资信息共通共享和业务流程的可视化,强化了物供服务的一体化、数字化和智能化;从产业发展方向上,逐步向产业生态化发展。

此外,对标企业依据自身的现实基础和发展战略,形成了各自独具特色的物供体系发展模式,如嘉能可"单一董事会制、扁平化管理"物供管控模式,中国石化集团"七统一"集中采购模式,国家电网"三集五大"物资集约化管理体系,国家能源集团"国家能源物资管理信息化系统"的物供管理平台,陕西煤化集团基于"三商一体"的物供管理定位和"一体两翼"物供发展模式等等。进一步结合这五大企业的典型经验做法,寻找共性特征,通过比较(见表 2-1)可以看出,未来物供管理必将以治理集中化为统领,以业务平台化、管理精益化、流程数字化为支撑,向产业生态化方向迈进,如图 2-6 所示。

表 2-1　标杆企业物供管控模式比较总结

企业	物供模组形式	管控模式	物供主营业务	管理启示
国家能源集团	国家能源集团物资有限公司(母公司控股)物资与采购监管部(职能部门)	"管办分离"的物资管理方式,物资与采购监管部负责"管"的工作;授权工程公司、物资公司负责招标业务、非招标业务的"办";采购单位执行统谈结果,签订合同,结算付款	母公司物供部门负责非煤业务(如电力板块)的采购、销售、技术咨询、信息技术服务、进出口业务;煤炭上市子公司物供部门负责煤炭板块物供业务	1. 集团公司与上市公司物资管理各成立子公司; 2. 物供产品相对独立(煤炭、电力等相关); 3. 管理层同时兼任两公司高管; 4. "管办分离"的内部物资管理方式; 5. "管营结合"的对外物供服务

表 2-1(续)

企业	物供模组形式	管控模式	物供主营业务	管理启示
陕西煤化集团	陕西煤业化工物资集团有限公司(母公司控股)	陕西煤炭及煤化工产业链的物资集采供应服务:"管＋办＋营"结合	立足陕西煤炭及煤化工产业链的物资集采供应服务,面向社会积极开拓供应链综合服务、第三方物流、电子商务、保税仓储、货运代理等物流增值服务,延伸发展招投标代理、工程造价、工程监理及煤矿安全评价等工程咨询服务业务	1. 集团公司与上市公司物资管理各成立子公司; 2. 物供产品名义上相对独立; 3. 两公司董事长为同一人,高管人员有区别; 4. 母子公司物供董事长为同一人; 5. 母公司物供统管子公司物供; 6. 母公司物供对内保供、对外经营(物流、贸易和金融等)
国家电网	国网物资有限公司(母公司控股)和物资管理部(职能部门)	实行"总部统一组织、省公司具体实施"的一级管控模式。总部下设物资管理部(招投标管理中心)和全资子公司国网物资有限公司,统一负责集团物资的集约化管理	母公司物资管理部与全资子公司协同完成公司物供服务	1. 实施"总部统一组织、省公司具体实施"的一级物供管控模式; 2. 母公司物资管理部与全资子公司协同完成公司物供服务; 3. 拓宽物供全资子公司的业务范围,如拍卖、货运代理、工程监理等; 4. 物资集约化管理采用"一条发展主线、两个支撑、五个功能中心、八个业务板块"的发展思路; 5. 在物资管控过程中,围绕"三集五大"物资集约化管理体系

表 2-1(续)

企业	物供模组形式	管控模式	物供主营业务	管理启示
中国石化集团	中国石化物资装备公司（母公司控股）	实行"七统一"的采购体系和以"归口管理、集中采购、统一储备、统一结算"为主要内容的采购管理体制，实施集团化采购统一管控方式。中国石化物资装备公司是总部授权集中采购的运作主体，负责对总部授权集中采购物资组织实施框架协议采购；各区域分公司集中采购中心分工负责	采用集团管控下管办营相结合模式完成物供服务，同时延伸拓展设备监造、房地产开发、技术开发咨询服务等业务	1. 母公司物供职能部门与全资子公司分工协作完成集团物供服务； 2. 拓展物供全资子公司业务范围，延伸至设备监造、房地产开发、技术开发咨询服务等领域； 3. 集采购管理体制、运行机制、管理制度、业务流程、供应资源平台、电子商务平台和招投标平台"七统一"的采购体系； 4. 以"归口管理、集中采购、统一储备、统一结算"为主要内容的采购管理体制
嘉能可	通过自产或向第三方生产商采购的方式组织货源	建有自身的物流体系和运输队伍，在不断整合上下游产业链的过程中完善物流服务，使其能敏锐地利用需求和供应的不平衡，快速响应市场需求	采用单一董事会制，实行扁平化管理	1. "制造＋贸易"的双重身份； 2. "多元＋规模"的经营范围； 3. "信息＋金融"的套现模式

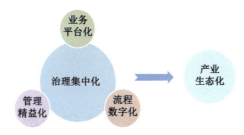

图 2-6 标杆企业物供治理模式及发展方向

第三章　山东能源集团物供体系改革创新理论基础

山东能源的物供体系创新,既要立足本职,又要放眼全局,在顶层设计上谋篇布局。这离不开先进管理理念的指引,涉及集团管控、集中采购管理、数字化转型、供应链协同、精益管理、激励约束等领域。

第一节　集团管控模式

山东能源物供内容涉及非上市公司和上市公司业务,对于企业管控特别是集团管控理论的梳理,有利于完善现代企业治理结构,创新物供管控体系。

一、集团管控"三分法"

企业集团大多具有子公司数量多、业务多元化、财务流程处理烦琐且不统一等特点。在中国这样的新兴市场经济体中,企业集团不仅能实现规模经济与协同效应,也能形成规避外部市场不完全的有效机制[26]。但企业集团究竟能起到何种作用,关键在于集团管控[27],并且取决于集团总部对子公司的管控动机与管控能力[28-29]。现有关于集团管控的研究主要涉及投资、财务、战略、组织、职能、制度、业务、人员以及资源等[29-31]。有学者提出战略重组煤炭企业应加强集团管控,其集团管控模式包括财务管控、战略管控、运营管控和混合管控 4 种[32]。本书的集团管控模式基于不同导向的经典的"三分法"理论,即根据集团公司对下属企业的管理风格分为战略导向型、财务导向型和操作导向型三种集团管控模式[31,33],见表 3-1。

表 3-1   集团管控模式"三分法"

分类	管控程度	特征	适用范围
操作 导向型	注重过程控制的集权模式	集团直接介入权属公司的日常经营活动和范式	经营关联度高,经营业务重要程度高,经营业务处于起步、成长阶段
财务 导向型	结果控制的分权模式	只关注最终财务和投资收益指标情况	衍生业务,与集团主营业务关联度不高
战略 导向型	集权分权相结合	集团控制下属子公司的核心经营层,很少干预子公司的日常经营活动	主营业务或关键业务板块

1. 操作导向型管控模式

该模式主要表现为集团公司直接介入权属企业的决策、生产经营、人力、财务、投资、风控等各个领域,权属公司的日常经营活动和范式都由集团公司总部决定,且经营收益全部归属于集团公司。该模式下,权属企业多为集团公司的全资或绝对控股子公司,处于母子公司结构的紧密层或核心层,并与集团总体发展战略保持完全或高度吻合。

2. 财务导向型管控模式

该模式也称自主管理型管控模式,此种管控模式以结果为导向,而管理过程则高度放权,一般来说,管控主体只关注最终财务和投资收益指标情况,控制对象多为衍生业务,与企业集团主营业务关联度不高。

3. 战略导向型管控模式

该模式也称治理型管控模式,该管控模式在一定程度上有利于发挥被管控企业的经营自主权,是一种相对平衡的、处于高度集权与分权两级之间的管控模式,相对而言其被采用的范围较广。集团主要通过控制下属子公司的核心经营层来实现战略协调,总部很少干预子公司的具体日常经营活动。因此,在主营业务或关键核心业务板块,集团公司都可以找到适宜对其采取上述管控模式的权属公司。

二、集团管控"三维度"

集团总公司通常扮演出资人、管理者和集团总部三个角色,发挥着治理、控制、宏观管理三大职能,相应地从法人治理、微观控制和价值管理三个维度对集团进行管控,如图 3-1 所示。

图 3-1 集团管控"三维度"

1. 法人治理

企业的本质是通过资本的权力替代市场进行资源配置。集团总公司最基本的角色是出资人角色,拥有集团治理和组织体系设计的权利。

2. 微观控制

这是由治理衍生出权力的具体化目标与管理过程。集团总公司为实现利益最大化,尽可能控制经营风险,需要通过制度设计和安排,实现对集团的控制。

3. 价值管理

集团总公司进行协同配置,通过宏观调控对治理和控制进行补充和优化,实现价值创造,最终实现集团整体价值的最大化。

第二节　集中采购管理

一、集中采购管理模式

集中采购作为集团企业普遍采用的采购模式,伴随着企业数字化转型的进程,出现了平台化发展趋势,也吸引了理论界的高度关注。如神华集团采取两个层级的采购管理体系,即由采购中心给下级采购部门下发集中采购物资手册,对于手册内的集团自行采购、手册外的由下属各分公司自行采购,并把采购中心改为物资管理部,由此提高对物资管理的重视程度,建立总部统一管理的供应商网络体系,降低大宗物资采购经营管理风险[34]。相关研究基于调研,根据对采购权力集中程度的强弱,将平台化集中采购大致归纳为集中管理型、中央领导型和高度集中型三种类型,见表 3-2。

表 3-2　集团企业集中采购模式

类型	基本特点	具体表现
集中 管理型	1. 集团总部与下属企业两级采购部门； 2. 总部作为管理机构，不开展具体采购业务； 3. 下属企业作为执行机构，完成采购任务	1. 构建统一的信息管理、电子采购平台； 2. 制定统一的采购标准、采购制度、采购流程； 3. 规范统一的供应商管理规则，采购主体与结算主体一致
中央 领导型	1. 集团总部与下属企业两级采购部门； 2. 采购管理集中统一； 3. 采购业务专业归口	1. 总部采购部门负责大宗通用物资、战略物资的集中采购； 2. 所属企业负责二级采购物资的集中采购
		1. 建立统一平台和制度； 2. 部分材料授权具体子公司进行统一集中采购结算； 3. 部分物资由所属企业自行集中采购
高度 集中型	1. 采购行为高度集中化； 2. 绝大部分物资由集团总部统一采购	仅有少量不适合集中采购和偶尔发生的零星采购允许下属企业自行完成

　　这三种模式反映了总部授权集采、总部组织集采、总部直接集采的不同管控力度，具体的选型需要根据集团企业的战略目标、历史沿革、实施条件等综合考虑，但都应遵守采购管理信息化、信息服务于管理、总成本最低等原则。

二、采购管理实践形态

　　高效稳定的采购管理成为企业管理新的重心[5]。构建高效的采购管理模式，能够有效地降低企业运营成本，通过采购的杠杆效应创造企业价值，降低供应链总成本，提高经济运行效益，提

升企业整体管理水平[35]。美国著名的战略咨询公司哈克特集团
(The Hackett Group)认为,采购管理经历了五个发展阶段,分别
为供料管理阶段(供料管理的主要特征为围绕采购订单,保证物
资供应)、价格管理阶段(采购时注重价格谈判,管理指标是降低
采购价格)、总成本管理阶段(关注总成本最低,对采购价格、运
输、仓储、使用、维修、回收等全流程的所有管理成本进行优化管
理,已进入供应链管理阶段)、需求管理阶段(通过规范企业管理,
理顺内部协同关系,进而管理需求、影响需求,做好需求与供应的
匹配)和全面增值阶段,而在全面增值阶段,采购成为公司的核心
竞争力,供应商黏合度增加,采购上升到战略层面,采购指标也增
加了很多财务、运营方面的内容[5]。

　　除了对集团企业集中采购管控模式的探讨外,相关理论研究
还基于采购管理的不同实施方式或不同侧重点,对采购管理实践
进行了不同形态的描述,形成了采购职能与供应商交互差异的三
种不同形态:交易型采购形态、协作型采购形态和发掘型采购形
态,见表3-3。

表 3-3　采购管理实践形态与适配情形

类型	基本特点	适配情形	采购类型
交易型	1. 企业主要关注供应商的生产、交货和工艺能力; 2. 仅利用供应商进行企业物流管理; 3. 采购职能地位较低,仅承担日常和成本分析任务。	采购成本优先	战术采购
协作型	1. 企业开始关注供应商的关系能力和客户理解能力; 2. 允许供应商参与企业生产制造过程; 3. 采购地位得到提升,开始与生产制造等职能部门协作完成产品的生产	采购质量优先、采购柔性优先	战术采购与战略采购

表 3-3(续)

类型	基本特点	适配情形	采购类型
发掘型	1. 企业更关注供应商的渐进创新、突破创新和网络能力； 2. 利用供应商进行企业产品研发管理； 3. 采购职能地位显著提升，主要承担供应商开发和产品研发等职责	采购创新优先	战略采购

这三种采购管理形态反映了不同企业不同的采购管理重心，以及供应商不同的参与程度，尽管存在着从战术采购到战略采购的升级，但并无绝对的优劣之分，需要与企业的采购成本、采购质量、采购柔性和采购创新需求相适配，才能最大限度地提升企业绩效，即在优先考虑采购成本时，实施交易型采购管理更有效；在优先考虑采购质量和采购柔性时，实施协作型采购管理更有效；在优先考虑采购创新时，实施发掘型采购管理更有效。

第三节　供应链协同

供应链协同被认为是供应链管理的核心，是企业供应链绩效和竞争优势的来源，因此在理论研究和实践应用上都得到极大的关注。供应链协同通过推动供应链成员开展合作，促进流通企业知识协同、加快技术共享进程、助力企业管理协作，推动企业产品、服务创新，驱动企业创新绩效提升[36]。供应链协同涉及企业内部和外部层面的互动与合作，可以被定义为企业与其利益相关方进行合作，参与企业内外部流程的程度，以实现产品、服务、信息、资金和决策等高效快速地流动，最终以低成本和快速度为客户提供最大价值。供应链协同是指供应链中各节点企业通过公司协议或联合组织等方式结成一种网络式联合体，在这一协同网络中，供应商、制造商、分销商和客户可动态地共享信息，紧密协作,向着共同的目标发展[37-38]。从基于信任、承诺和相互学习驱动的长期关系视角看,供应链协同是具有相似目标的两个或多个供应链伙伴自由共享资源、知识、风险和回报,共同执行活动,定期测量和改善预期结果,以获得更好的供应链绩效[39]。也就是说,供应链协同可视作供应链企业以增加供应链效益为目的,实现信息共享,相互沟通、相互连接、及时响应,以更灵活的方式参与到供应链价值创造的各个环节中[40]。供应链协同的本质就是加强企业间的沟通与交流、建立供应链参与方之间的合作与信任、重新规划企业业务流程、运用信息技术来加快企业之间和企业内部信息的流动。基于上述理论,供应链协同的基本建设思路如图 3-2 所示。

图 3-2　供应链协同的基本建设思路

随着社会经济的发展,新业态、新模式不断涌现,供应链协同的情境也在发生着深刻变革。特别是随着平台经济的发展,供应链协同也从基于战略联盟的协同,转向基于社会网络的协同,进而发展为基于平台生态系统的协同,如表 3-4 所示。

表 3-4 供应链协同模式的发展

供应链协同模式	主要特点	关注点
基于战略联盟的协同	企业间基于共同的战略目标,进行资源互补与信息共享,以信任与承诺为特征,通过签订协议建立起长期合作关系	核心企业如何在二元关系中获益
基于社会网络的协同	企业间基于一定目的进行资源互换与信息共享,依据专业化分工与协作,以各种复杂多样的经济与社会联结,建立起稳定持久的合作	核心企业如何在多元关系中获益
基于平台生态系统的协同	企业通过专业互补、资源共享、价值共创和共同演化,组成广泛的、相互依赖的共同体,最终达到共赢的动态合作关系	平台企业如何推动多元主体价值共创

第四节 数字化转型

在当前数字经济时代,以大数据、人工智能、云计算和区块链为代表的数字技术创新迭代,并与实体经济深度融合,推动数字经济迅速发展,成为我国现代化经济体系的重要引擎[41]。数字经济包括数字产业化和产业数字化,协同推进数字产业化和产业数字化转型是我国"十四五"时期发展的主要目标任务[42]。在数字中国建设的国家战略中,国有大型企业积极响应,争先践行。山东能源物供体系在数字化转型过程中,需明晰数字化转型战略选择的基本思路。

数字化转型本质上是企业利用数字技术对业务进行改进,以革新现有的商业模式和组织流程[43]。从数字化资源投入和组织适应性两个维度,可将企业数字化转型划分为四种不同的战略类型:变革依赖型战略、业务主导型战略、技术主导型战略和生态导向型战略,如图 3-3 所示。

图 3-3 数字化转型战略类型

(1)变革依赖型战略

当企业组织适应性较高而数字化资源投入较低时,其数字化转型战略为变革依赖型。这种转型战略常见于小企业,由于小企业自身的资源和能力不足,无法支撑企业在数字化资源上的大量投入,加之组织结构灵活、简单,能够基于企业战略、业务发展、市场需求等做出快速响应和调整,多依赖外界的力量进行数字化转型。

(2)业务主导型战略

当企业的数字化资源投入和组织适应性都比较低时,其数字化转型战略为业务主导型战略。这种转型战略常见于组织惯性较大、传统业务比重大的大中型企业。这类企业业务庞大、种类复杂,业务是企业长时间积累的传统优势,它们主要以传统业务转型为切入点和重点,通过有限的资源投入,进行数字化赋能与业务重塑,以期实现业务的增长。

(3)技术主导型战略

当企业的数字化资源投入比较高而组织适应性比较低时,采用的就是技术主导型数字化转型战略。采取这种转型战略的企业多是重视技术研发以改进工艺生产流程、提高生产效率的传统工业制造企业,这类企业在行业中属于数字技术的探索者,企业在数字技术的应用上投入较多的资源和精力,通过数字技术提升企业运营效率。

(4)生态导向型战略

当企业的组织适应性和数字化资源投入都比较高时,采用的就是生态导向型数字化转型战略。这种转型战略常见于行业中的领头羊企业,这类企业在行业中属于数字化转型的引领者,具备丰富的数字化资源和较强的数字化能力。它们会针对外界的变化,对现有的商业模式进行优化,在保持现有的竞争优势下实现企业业务的增长,因而更加注重数字化生态的建设以实现企业和客户的全面可持续发展。

第五节　精 益 管 理

精益管理是一种由精益生产发展而来的现代企业管理方式,以低成本、高效率、高质量、快流程、顾客满意、改善资本投入为核心[44-45]。一方面,精益管理基于业务管理形成了诸多卓有成效的方法和工具;另一方面,精益管理作为管理方式被广泛应用于制造、服务、物流和供应链管理等诸多领域,已从最初的具体业务管理方法逐步上升为战略管理理念,并在数字化的加持下,焕发出更加蓬勃的生命力。

一、精益管理相关方法与工具

1. 价值流程图

价值流程图是在推进精益管理的过程中经常用到的一种工

具,用于分析企业运作过程中的价值流。在分析企业的运作流程时,需要辨别各个流程是否对企业、对客户具有价值,精益管理的作用就是识别有价值的环节、减少无价值的环节,从而提高企业运作效益。精益管理可以用来形象化地描述企业生产运营中各个环节的流动过程,用来标示企业的价值流动过程,便于企业管理人员来识别生产运营过程中的价值流动情况,从而识别这些过程中有价值的流程以及低价值甚至无价值的流程,以便做进一步的改善。

2. "5S"与"6S"管理

"5S"是生产企业进行生产现场改善的常用方法,包括整理(seiri)、整顿(seiton)、清扫(seiso)、清洁(seiketsu)和素养(shitsuke)这五个方法。而"6S"是在"5S"的基础上加入安全(safty)演变而来,可以帮助企业加强现场管理,从而改善环境、保障安全、提高工作效率、降本增效等,并对提升员工归属感、塑造企业形象有所裨益,是一种全面、系统的管理方法。

3. 标准化作业

标准化作业是精益管理的基本工具方法,它是指在科学的调查分析基础上,对作业过程的每一工序或者动作进行分析,运用合理的工具,以一定的制度形式加以保障,从而定义出一套规范化的作业程序。标准化作业能够帮助企业确定最佳实践和标准操作程序,并确保操作人员遵守这些标准,从而确保生产的质量和效率。

可见,标准化是标准化作业的前提,是企业实行精益管理的基础和保障。在经典的桑德斯标准化理论中,明确提出了包括标准制定过程、标准修订过程、标准再实施过程等在内的桑氏七原则,进一步明晰了标准化的内核在于"减少复杂性"。

4. JIT 管理

JIT(just in time)是一种以减少库存为基础的生产方法,它通过按需生产,使企业更灵活地适应市场需求。目前,JIT已逐渐演变成为一种管理哲学,将"准时化"和"尽可能消除浪费"的思想精髓应用于各领域。其中,最典型的就是在企业物资采购方面的广泛应用,相应形成了JIT采购的概念。

JIT采购的基本思路即把正确数量和质量的物品,在正确的时间运到正确的地点,并最好地实现客户的需求。JIT采购不仅能更好地满足客户需求,还能最大限度地消除库存与浪费。准时化生产需要有准时化的供应,准时化采购是准时化生产的基础。唯有JIT采购、JIT生产、JIT配送同时实现准时化,才能确保整个供应链上的低成本和高效率,才能最快地响应市场需求。

二、精益管理与数字化转型的关系

精益管理是一套管理理念和方法,数字化转型是一场技术驱动的管理变革,两者都高度关注价值流的精简,强调对原有流程步骤和顺序等进行合理的规划,以减少不必要的环节,提升运营效率,因而两者之间存在着密切的关系。具体而言:

1. 精益管理是数字化转型的重要基础

精益管理的本质是通过消除各种形式的浪费,把人力、物力、制度、信息等有效地整合在一起,通过持续的计划、执行、控制和改善以实现既定目标。通过精益化改造,可以提升企业运营系统的精干程度,得到业务流程的最佳实践方式,并可以借用数字化手段把这些最佳实践固化到系统中去,从而获得稳定且可持续的高质量输出。这样可以为今后的持续改进提供坚实基础,最终实现精益成效的最大化。

可见,如果没有精益化的流程改造,直接推行昂贵的信息化和数字化系统,相当于把包含大量浪费的问题流程和作业以软件方式固化了下来,这不仅不能消除原有的浪费,反而会造成更大的浪费,丧失了管理改善的机会。

2. 数字化转型是精益管理的助推器

数字化技术不仅可以为精益管理提供更多的数据和信息,而且强大的数据分析功能,能够深度挖掘数据背后的规律和趋势,帮助管理者更好地掌握运营过程中全价值链的各项指标,更好地理解管理问题的成因及机制,从而更好地进行运营过程的持续优化和改进。此外,数字化技术还能为企业提供更好的协作平台,促进内部各部门之间、外部供应链企业之间的信息共享和协作,以提高整个企业乃至整个供应链的运营效率和质量,从而与精益管理的理念目标融为一体,成为企业核心竞争力提升的关键。

总之,精益管理和数字化转型相辅相成,前者为后者提供了基础和支撑,后者则为前者提供了新的工具和方法,有助于前者持续升级和发展。企业应持之以恒地贯彻精益管理理念,以精益为基础,加速技术创新和产业协同,将精益化管理的内核与5G、人工智能、工业互联网等数字技术充分融合,补全短板,推动互联网、大数据与人工智能和实体经济的创新体系建设,找到正确的行动路径,力争在全球新一轮产业竞争中脱颖而出。

第六节　激励理论

管理的实质是通过实施计划、组织、领导、控制等职能来协调人的活动,使组织成员围绕组织目标而行动的过程,因而管理的核心是管人。而管人的核心在于激发员工的潜能,发挥他们的创造力和才能,共同推动组织的进步和发展。因此,企业应充分关注员工的需要和发展,与其建立良好的沟通和合作关系,并提供必要的支持和资源,综合运用激励理论和机制,激发员工的积极性和创造力。

经典的激励理论主要包括内容型激励理论(着重对激励的内容进行研究)和过程型激励理论(着重对动机形成过程进行研

究),其中较具代表性的有马斯洛的需要层次理论、奥尔德弗的ERG 理论、赫茨伯格的双因素理论、亚当斯的公平理论、弗鲁姆的期望理论等[46]。

一、内容型激励理论

1. 需求层次理论与 ERG 理论

需求层次理论由美国心理学家亚伯拉罕·马斯洛于 1943 年提出。该理论将人的需求按照从低至高分为五个层级,分别是生理需求、安全需求、社交需求、尊重需求和自我实现需求(见图3-4),并指出不同需求层次之间存在相互关联,只有满足低层次需求,才会追求高一级的需求,而且人在不同时期不同需求的迫切程度不同,只有满足人的最迫切需求才是激励人行动的主要动力。

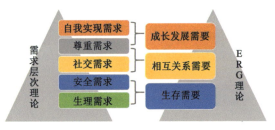

图 3-4　马斯洛需求层次理论与奥尔德弗的 ERG 理论

在需求层次理论基础上,美国耶鲁大学的克雷顿·奥尔德弗进一步提出 ERG 理论,认为员工的需要分为三类:生存(existence)需要、相互关系(relatedness)需要和成长发展(growth)需要。这与马斯洛需求层次理论中的五个层次存在一定关联关系,但 ERG 理论还表明:人在同一时间可能有不止一种需要起作用;如果较高层次需要的满足受到抑制的话,那么人们对较低层次的需要的渴望会变得更加强烈。

　　因而,在管理实践中应充分了解不同岗位员工的实际需求,并根据需求变化动态调整,加强思想引导和激励机制建设;关注员工的成长和发展需求,为员工创造有助于激发和释放能力的机会和平台,充分发挥员工自身价值,助推企业发展。

　　2.赫茨伯格的双因素理论

　　双因素理论由美国行为学家弗雷德里克·赫茨伯格于1969年提出。双因素是指激励因素和保健因素。所谓激励因素,是指那些使工感到满意、能够给员工带来较高激励、调动员工积极性的因素,如他人认可、成就感、个人成长、晋升等;所谓保健因素,是指那些可能导致员工不满,而改善即能消除不满,但不能使员工感到满意的因素,如工作环境、薪资报酬、管理制度等(见图3-5)。

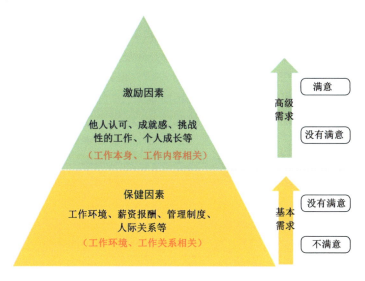

图 3-5　赫茨伯格的双因素理论

　　可见,企业要真正调动员工的工作积极性和主动性,不仅要注重外在物质利益、工作环境等"保健因素",以消除员工可能的不满情绪,更要注重关乎员工成就感、认同感、责任感等方面的"激励因素",以激发员工的工作热情。

二、过程型激励理论

1. 亚当斯的公平理论

公平理论是由美国著名心理学家斯塔西·亚当斯于 1965 年提出。该理论指出:员工对收入的满意程度能够影响员工工作的积极性,员工的工作积极性不仅与个人实际报酬多少有关,而且与员工对报酬的分配是否感到公平更为密切。员工不仅会衡量自己获得的报酬与工作的投入是否公平,同时也会衡量自己获得的报酬与工作的投入与他人获得的报酬与工作的投入是否公平,如果员工在其劳动所得方面发现不相对等的情况,则会产生不公平心理,对工作或者组织产生抵触情绪,影响工作表现。

公平理论的管理启示在于:一是要高度关注影响激励效果的不仅是报酬的绝对值,还包括报酬的相对值;二是应建立公开透明、科学合理的激励机制,要体现内部公平、外部公平和个人公平;三是要加强对员工公平感的正确引导,客观公正地选择比较基准,不盲目与人攀比而造成不公平感;四是管理者必须以身作则坚持公平公正的原则,减少主观的判断,避免因情感和个人认知等因素产生的不公平管理。

2. 弗鲁姆的期望理论

期望理论是由北美著名心理学家和行为科学家维克托·弗鲁姆于 1964 年提出的。这个理论认为:人总是渴求满足一定的需要并设法达到一定的目标。这个目标在尚未实现时,表现为一种期望,这时目标反过来对个人的动机又是一种激发的力量,而这个激发力量(motivation)的大小,取决于效价(valence)和期望值(expectancy)的乘积,如图 3-6 所示。

激励力量（*M*）=效价（*V*）×期望值（*E*）

图 3-6　弗鲁姆的期望理论

　　激励力量指调动个人积极性、激发人内部潜力的强度；效价是所能达到的目标对满足个人需要的价值；期望值是根据个人的经验判断能够达到目标的可能性。在期望模式中，个体行为取决于三种联系，分别是：① 努力与绩效的联系，即通过一定努力可以达到预期的目标的可能性；② 绩效与奖励之间的联系，即个体通过努力取得绩效后能够得到合理的奖励；③ 奖励与需要之间的联系，即获得的奖励应能满足个体某方面的需要。当上述三种联系紧密，个体的工作积极性则高，反之则工作消极。

　　基于期望理论，不难看出员工的激励一是要给员工设定合理的目标，该目标既要具有一定的挑战性，又要具有通过努力可以实现的可能性；二是提高员工的期望值，通过指导、培训、疏导等方式，加强员工期望心理建设；三是管理者应充分了解员工的需求，加强奖励与需要之间的联系，并将多数员工最为关注的奖励作为激励措施提升效价；四是增强工作绩效与工作报酬之间的关联性，将员工的工作报酬与工作绩效挂钩，提高员工的激励水平。

　　通过对集团管控模式、集中采购管理、供应链协同、数字化转型战略、精益管理和激励约束等基础理论的梳理发现，完善的公司治理机制、统一的集中管控模式、丰富的物资采购形态、高效的组织内外协同、科学的管理制度和成熟的生态服务平台等是物供管理有效运营的必要条件。山东能源为建成与世界 500 强企业相适应、行业领先的物供管理体系，需以前沿理论基础为指引，朝着"集中、精益、制度、标准、智慧、透明"的方向发展。

第四章　山东能源集团物供体系改革创新顶层设计

第一节　改革创新原则、思路和定位

山东能源顺应双碳战略和数智化发展趋势,面向保障能源安全的需求,聚焦建设与全球清洁能源供应商和世界一流企业相匹配的高质量物供体系,加强顶层设计,明确改革创新原则、思路和定位,创新物供理念、模式、组织、平台和机制,重塑物供体系。

一、改革创新原则

山东能源贯彻国家的创新、协调、绿色、开放、共享五大发展理念,紧紧围绕建设全球清洁能源供应商和世界一流能源企业的目标,把握物供特征和发展新趋势,以大物供、智慧化、生态化为创新原则,积极探索集团集中管控下的物供管理新模式,构建能源企业物供发展新格局。

1. 大物供理念

以顾客需求为导向,以物资全生命周期为主线,打通流程、贯通数据,集成物资全生命周期的物流、信息流、资金流、价值流,形成需求计划、物资采购、内部协同、设备制造、融资租赁、处置报废等物供全生命周期的物资运营高效化、物资资产协同化及经营决策自动化、智能化。

2. 数智化运营

以单一企业的价值创造转向网络生态化的价值创造、以供需之间的上下游关系转向协同供应生产分销为指引,借助于系统化、智慧化要素,通过智慧化平台、数字化运营、自动化作业,实现物供管理的及时化、透明化、互动化、可追溯化和智能化决策,推进山东能源物供由"机制运营"向"数智运营"转型创新。

3. 生态化思维

以协调、开放、共享的生态化思维为统领,构建物资供应链运营所有参与主体共同组成的价值生态网络,通过供应链多层级化、参与主体多样化和知识共创、供应链业务高度集成化,以实现产业供应链高效运营的供应链产业生态。

二、改革创新思路

山东能源依照习近平总书记关于做强做优做大国有企业的指示精神,落实党的二十大报告提出的加强能源产供储销体系建设、确保能源安全和提升产业链供应链韧性和安全水平等建设要求,在物供板块,以大物供、智慧化、生态化为原则,做好对内保供、赋能社会,通过战略层集中管控、业务层精益运营和支撑层集成创新,扩大集采规模,创新采购模式,创建与世界 500 强企业相匹配的、行业领先的全供应链智慧物供体系。

三、物供发展定位

山能物资作为集团集中管控模式下负责集中采购的专业化、平台化公司,以做强智慧采购平台、缔造卓越服务品牌为使命,以成为国际先进的全供应链智慧服务商为愿景,紧紧围绕"创建与世界500强企业相匹配的行业领先物供管理体系"总体目标,一方面在管控上明确"专业化、区域化、平台化、一体化"发展定位,推行从上到下、系统块和区域组块集中统一的运营模式,建立山能物资总部和物供区域公司两级采购体系,完善山能物资总部、物供区域公司、驻矿供应分部三层组织架构;另一方面在经营上以"规模创造效益、协同创造价值、数字创造未来、品牌创造辉煌"为发展理念,明确"保供创效、平衡利库、供应商优化、平台管控、供应协同"五大职能定位和"集采创效、协同增效、平台管控、服务提升"的经营目标,构建集采效益放大、资源统一配置、物资集中储备、服务优质高效的区域物资供应新模式,实现山东能源整体效益最大化。

第二节　全供应链智慧物供体系架构

山东能源对于物供管理体系改革的原则、思路和定位,回答了未来创新发展的基本框架,进一步结合山能物资的建设基础,聚焦形成"一统二融三化二翼"的全供应链智慧物供体系。该体系从战略、业务和支撑三个层面,清晰刻画出山东能源物供体系改革创新的实现路径,既有战略高度,又有落地举措,既有精益物供管理,又有数字手段支撑,既有基础核心业务,又有新兴发展方向,高度契合"创建匹配世界500强企业的行业领先物供管理体系"的发展目标,如图4-1所示。

一、战略层:"一统"集中管控模式

"一统"即加强集团公司对物资的统一管理、集中管控,成立山能物资这一专业化、平台化企业,负责集团各部门、各生产单位的全部物资的保供优供,实施强有力的"中央领导型"采购模式。这一模式能够打破原有各部门、各生产单位在物资采购和供应环

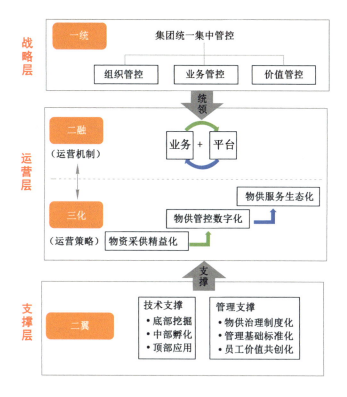

图 4-1　全供应链智慧物供体系构建示意图

节各自为政的组织边界,不仅能够清晰回答山东能源物供管理体系的运营主体,而且能够明确平台化企业治理中最为核心的"集权分权"问题,对于整个物供管理体系治理的意义重大。

一是有利于发挥山东能源物资采购的规模效应。山能物资的专业化、平台化建设,能够有效集成集团内部各部门、各企业的物资需求,形成规模采购,提升与供应商的议价能力,降本增效,并通过集中仓储、集中配送等形式,形成物供管理中各资源要素的有机结合,产生 1+1>2 的规模效应。

二是有利于发挥山东能源物资管理的协同效应。山能物资的专业化、平台化建设,能够在集团内部各部门、各企业之间,以及集团外部主体之间形成物资流、信息流、资金流共享与整合,通过物资采购、物流仓储、数字化转型等专项建设,构建各主体之间、各业务之间的纵横联结,并实现新的价值涌现与价值创造,最终形成相互依存、合作共赢的生态体系导向型供应链协同关系。

三是有利于发挥山东能源物供服务的品牌效应。山能物资的专业化、平台化建设,能够聚合山东能源的优势资源,提供优质物供服务,形成品牌辐射,对内强化山东能源内部员工的文化认同,提升集团企业的凝聚力;对外强化山东能源外部公众的价值认同,提升物供平台生态体系的向心力。

二、业务层:"二融三化"运营模式

(一)"二融"运营机制

"二融"即物供业务与物供平台相互融合。山东能源基于物资的全生命周期,围绕核心业务,形成了从采购到库存再到配送的全链路物供服务。与此同时,基于数字化转型和平台化发展需求,山东能源围绕全链路物供服务的不同类型,构建不同的数字化操作平台,即针对不同的物资应用场景及其对应的物供管理模式,实现物资供需信息的即时对接和物供管理业务的在线办理,构建出"业务+平台"的创新型物供运营模式。

(二)"三化"运营策略

"三化"即基于"业务+平台"的模块化物供运营模式,在业务层面实施的三大运营策略,具体包括:物资采供精益化、物供管控数字化、物供服务生态化等,以持续推动山东能源物供板块精益管理的强化,提升数字化管控水平及智慧化应用,并实现从核心业务与运营能力向衍生业务、创新能力的跨越式发展。

一是物资采供精益化。物资采供精益化是山东能源强化"中央领导型"采购模式的重要手段。一是要在物资采供阶段,把握集中采供的关键物资、关键环节和关键抓手;二是要根据不同物资需求场景,采取不同的物资采供模式,并对应不同的线上平台,提供更为精益的物供服务。

二是物供管控数字化。物供管控数字化是山东能源物供管理数字化转型的重要内容,不仅能够有效提升物供管理效率和精益化水平,也能够为山能物资平台化运营提供数据支撑。特别是在企业信息数字化的基础上,通过机器学习实现智能决策,有利于推进数据科学与管理科学的合二为一,将物供信息转化为更好的物供管理。

三是物供服务生态化。山东能源物供管理的平台化、数字化运营能够实现物资供求信息的高效对接、快速响应,提升物供服务的专业化;能够面向企业内外部不同利益相关主体的不同需求,提供定制化服务,实现物供服务的产业化;能够集聚不同供应链和产业链的节点企业和业态,培育以物供为核心的平台生态体系,催生物供服务的生态化。

三、支撑层:"二翼"物供创新支撑

"二翼"即围绕企业创新发展的两大核心要素,促进技术和管理的集成创新,支撑山东能源物供体制的全方位、深层次变革。

1. 技术创新的支撑作用

技术创新是山东能源物供体制改革的加速器。在知识经济高速发展的当下,数字化转型已经成为众多企业创新发展的核心战略,也是山东能源物供技术创新的重点方向。山东能源一方面应大力推进物联网、大数据、人工智能、云计算技术、5G 等多种基础关键技术及装备的集成与应用,不断完善数字化平台建设与应用;另一方面应激活科技创新主体,完善科技创新管理机制,加大

科技创新体系建设。

2. 管理创新的支撑作用

管理创新是山东能源物供体制改革的稳定器。知识经济的到来,改变了经济增长要素贡献率的结构,也意味着经济增长内容的转变必须要求经济模式也发生相应的转变。管理创新能够为企业的运营管理、制度建设等提供新措施和新方法,营造出良好的秩序规则、制度文化等。山东能源在不断夯实物供基础管理、提升核心业务精益管理水平的同时,不断丰富物供服务内容和形态,为物供体制改革创新强基固本、保驾护航。

第五章 "一统二融三化二翼"
全供应链智慧物供体系建设举措

　　"一统二融三化二翼"的全供应链智慧物供体系,围绕着山东能源"创建匹配世界 500 强企业的行业领先物供管理体系"目标,一是强化集团公司在物供管理体系中的核心主导地位;二是通过"业务＋平台"的模块化物供运营机制,以及精益化、数字化、生态化的创新发展策略,提升物供管理水平和发展潜力;三是发挥技术和管理支撑作用,通过数字赋能、管理赋能,形成集成创新,从而在战略层、业务层、支撑层形成多维立体、有机统一的创新合力。

第一节 "一统":战略层管控模式创新

　　集团管控理论中有法人治理、微观管控、价值管理三大维度。其中,法人治理是从治理结构上理顺产权关系、划分权力边界,是企业科学管控的前提;微观管控是从战术层面,通过业务管理和制度安排,确保企业高效运营,是企业规范管控的基础;价值管控则是从战略层面,通过强化价值引领,凝心聚力,是企业升级管控的核心。这三者之间存在着进阶式关联,但又相辅相成,呈现出螺旋上升的发展关系。

　　基于该科学理论指引,山东能源以山能物资为物供管理体系运营主体,通过组织管控、业务管控、价值管控三大举措,全面落实集团管控中法人治理、微观管控和价值管理三大维度,并通过创新性的物供管理实践,不断强化集团管控模式下统一的物供管理,形成了以"一统"为核心的管控模式创新,如图5-1所示。

图 5-1　山东能源以"一统"为核心的管控模式创新维度

一、纵横贯通的组织管控

　　组织管控是集团管控中"法人治理"的核心。山东能源在集团层面充分发挥母公司的引领作用,强化山能物资在整个集团发展中的战略地位,并通过全面规划、持续投入、政策扶持等举措,提升其保供优供能力,积极培育其增收创效的业务增长点;在山能物资层面,合理规划业务部门和职能部门,并根据业务运营和战略发展的需要,采取部室、中心、子公司、物供区域公司等不同组织创建模式,通过纵向分级、横向分工,建立健全现代公司治理结构,理顺各组织的权属关系和权责边界,确保山东能源对物供管理体系各运营主体的组织管控。

　　(一)"1+2+3"物供组织纵向架构

　　"1"即一个主体。山东能源的物供体制改革伊始,成立了山能物资,主要承担山东能源生产建设所需物资的招标、采购、仓储等职能。山能物资是山东能源专业化采购与供应平台公司,也是山东能源物供管理体系中唯一的运营责任主体。

"2"即两种权属模式。山能物资根据物供管理业务的性质、地位等特征,在二级单位的创设上采用了分公司和子公司两种形式。对于常规性业务,创建区域分公司,形成与各生产矿区的紧密联动,确保物资的优供保供;对于战略性业务,创建子公司,赋予其独立的法人地位,提供山能物资专业化、平台化发展培育成长空间。

"3"即三级管理架构。山能物资总部、物供区域公司与驻矿供应分部形成三级纵向架构:总部负责大宗物资集采和全面管理职能;区域公司负责非集采物资采购、仓储管理、物流配送、物供服务等职能;驻矿供应站负责与使用单位业务衔接、收发货、计划提报等职能。

(二)"10+1+3+N"物供组织横向分工

"10+1"即10部门1中心。山能物资总部下设10个部门和1个仓储调度管理中心。其中包括材料采购、设备配件采购、化工建材部和电子商务部4个业务部门,财务管理、运营管理和综合管理3个综合管理部门,纪委、党委组织和工会3个组织保障部门。各部门、中心分工明细、职权明确,并与二级单位的相关业务部门和职能部门严格对应,形成业务和管理上的管控关系。

"3"即3个子公司。山能物资旗下有3个子公司,分别是招标公司、纵横易购、贵州国贸,分别承担了山能物资的专业化招投标、数字化转型以及供应链贸易等业务,为山能物资提高物供管理效率、提升物供服务质量、丰富物供服务形态提供了有力支撑。

"N"即N个区域公司。根据山东能源生产单位分布情况,山能物资目前设立鲁中、鲁西、鲁南、泰安、内蒙古、西北和新疆7个物供区域公司,全面负责区域内物资采购与供应、仓储、服务等工作,随着山东能源业务的拓展,还将设立更多的物供区域公司,从而实现物供服务管理的地域全覆盖。

山东能源物供组织架构的调整,改变了原有按二级单位"分块分散"设置物资供应机构的格局,从上到下,由"条"统"块",区域组"块",一统到底,解决了单位分散、重复设置、规模分拆、协同受限、管理低效、队伍老化等问题,为建立相对集权的"中央领导型"物供管理模式奠定了坚实的组织基石。

二、点线结合的业务管控

业务管控是集团管控中"微观管控"的重点。山东能源基于物供管理业务梳理,一方面以核心业务和要素为"点",从"点"突破,提出管集采、管供应商、管平台的"三管"模式,以加大对核心物资、核心资源和核心业务等的管控力度;另一方面以业务链条为"线",依"线"贯通,提出集中采购、集中招标、集中仓储和集中配送的"四集中"全面物供管理,以确保对物供业务全链条的统一集中管控,如图 5-2 所示。

图 5-2　山东能源"一统"模式下业务管控思路

（一）以"三管"为抓手的业务节点管控

1. 管集采

山东能源实施山能物资总部和物供区域公司清单式二级集采模式,即山能物资总部负责一级集采清单内物资的招采,采用统谈统签或统谈分签的模式(对山东能源所属上市公司等具有特别监管规定的企业,大宗物资集采实施"统谈分签"为主的采购模式;山东能源所属其他企业物资集中采购一律实施"统谈统签、直接结算"为主的采购模式),山能物资各物供区域公司负责一级采购清单外物资的招采,称为二级集采。

2. 管供应商

一是对于常用物资,实施年度采购,将采购量逐步向优质供应商倾斜,大力推行"供应商入围＋三轮谈判"模式,选择性价比最高的厂家成交;二是对于集采物资,通过战略合作、招标审查、供应商招标入围等方式,把国内行业领先生产厂家纳入采购范围,杜绝非生产厂家供应商采购;三是对于非集采物资,通过供应商招标入围、物供区域公司共享等方式,减少供应商数量,为采购高性价比产品奠定基础,提高采购话语权;四是加强供应商制度管理,健全供应商管理制度,避免供应商出现延期交货、质量、技术、服务等违约问题,增强供应商的责任意识,健全物资供应管理制度体系,为物资供应提供制度保障。

3. 管平台

山东能源以财务共享大数据项目启动推进为契机,配合 ERP 流程优化,围绕物供管理中各业务模式和管理方式,集成物联网、大数据、人工智能、云计算技术等多种关键技术及装备,打造智慧系统,并通过"云上山能"的专项建设,形成物供管理的"八大平台"。通过平台体系的持续优化和拓展,形成了包括电子招投标、询比价采购、电子商城、共享仓储管理、智慧调度、废旧物资公开处置、大数据监督、云服务等在内的智慧化服务体系;实现了物资主数据、计划、采购、仓储、结算、配送、闲置、回收等全流程管理、闭环式管控和全线上运行;推进了物供管理的及时化、透明化、互动化、可追溯化和智能化决策,节能创效、降本增效;开创了"人工智能＋系统管控＋数据分析＋物联辅助"四位一体的数字化转型新实践,引领行业转型发展新潮流。

（二）以"四集中"为内容的业务链条管控

山东能源全面实施以"集中采购、集中招标、集中仓储、集中配送"为主要内容的"四集中"管理,进一步扩大采购规模、提高采购效率,最大限度地降低采购费用和储备资金占用,在保证供应的前提下,提高集采协同创效水平。

（1）集中采购。山能物资作为山东能源专业化采购与供应平台公司,承担山东能源生产建设所需物资的招标、采购等职能,山东能源所有物资由山能物资统一组织采购,各二级单位、矿厂及非煤企业不再具有采购权。

（2）集中招标。按照山东能源规定,山东能源所有招标项目全部由招标公司统筹管理,充分发挥集中招标的规模、专家资源、供应商资源优势,提高市场话语权。山能物资将努力提高效率、优化流程,对重点项目实施绿色通道管理,在符合国家规定的前提下,缩短招标时间。

（3）集中仓储。完善仓储配送业务流程、仓储调度平台建设等工作,充分利用区域仓储中心的辐射功能,对矿用物资实行日配送制,逐步取消矿级仓库,满足生产需求。

（4）集中配送。优化仓储品种、优化储备数量、优化物流路径,对各区域仓储中心实施日常监控,对物流节点的运作质量和效率进行管控和考核,合理控制物流成本。

三、文化引领的价值管控

价值管控是集团管控中"价值管理"的实质。山能物资在"创建匹配世界 500 强企业的行业领先物供管理体系"的愿景下,坚持党建价值引领,并高度凝练出"规模创造效益、协同创造价值、数字创造未来、品牌创造辉煌"的发展理念,将党建工作与业务经营、文化品牌建设有机融合,在集团上下进一步形成发展共识。

（一）党建价值引领

山东能源以"奉献绿色能源，创造人本价值"为企业使命，在强化价值引领的同时，进一步加强党建工作，不断丰富载体、创新形式，确保党组织生活党味更浓、形式更丰富。山能物资深入推进"全面嵌入、深度融入，务实创新、增盈创效"的"双入双创"党建工作，以全国文明单位创建和过硬党支部建设为抓手，用高质量党建引领高质量发展，全力确保各项发展措施落实到位，为山东能源高质量发展担当优质保供大任。

1. 提高政治站位，加强理论学习

一是坚决拥护"两个确立"，做到"两个维护"，把学习贯彻习近平新时代中国特色社会主义思想，学习贯彻省委省政府、省国资委、山东能源党委系列指示精神，作为党委会"第一议题"、中心组学习常设议题和支部"三会一课"长期主题，做到第一时间学习领会、第一时间贯彻落实。二是坚持更高站位，心怀"国之大者"。干部职工从党和国家战略大局、从公司改革发展全局出发，学得更深、站得更高、谋得更实，推动党中央重大决策部署在公司率先落实落地，切实把理论学习成果转化为推动企业高质量发展的具体实践。三是坚持更高标准，提升理论素养。使用常态化学习教育平台，开展主题党日活动，创办党支部书记及业务骨干培训班。组织推荐干部轮岗交流，到项目中实践锻炼，到基层一线墩苗壮骨，以干代训，在干中学，在学中干。运用"看板管理"和"智库管控"精益管理工具，推进党史学习教育落地生根、走心走实。

2. 坚持融入公司，有效推动发展

一是制定并下发形势任务教育文件及配档表，并抓好落实，引导广大干部职工把思想和行动统一到公司各项工作安排上来，统一到完成物供体制改革各项任务目标上来，激励党组织和党员担当作为、奋发有为。二是把党组织建成推动发展的主心骨。优化党组织设置，做到党组织设置和业务管理架构更加匹配，党建工作和业务工作融入更加紧密。推行党支部结对共建机制,深化业务合作。三是把党员队伍打造成攻坚克难的主力军。抓好各类先进的推荐报送,先后获得山东省先进基层党组织、省属企业优秀共产党员、山东能源优秀共产党员等荣誉,发挥好党员示范岗、突击队、攻坚组作用,做到关键岗位有党员负责、关键任务有党员引领、关键时刻有党员冲锋。

3. 坚持守正创新,激活组织活动

一是突出特色,让党组织工作品牌越来越亮。做好过硬党支部质效评估工作部署,出台过硬支部考核细则,开展"党支部书记说品牌"活动。二是创新方式载体,让党组织的工作思路越来越活。做好整体谋划,突出形式灵活、内容鲜活、氛围活跃,让党组织活动更加具有吸引力。紧扣重大事件、重要节点策划主题活动,对党总支、党支部党史学习教育进行分类指导,推动党史学习教育走深走实、入脑入心。

(二)"四创"理念引领

山能物资聚焦规模效益、协同效应、产业数字化和品牌优势发挥,明确"规模创造效益、协同创造价值、数字创造未来、品牌创造辉煌"的"四创"经营理念,并以此为切入点,建立健全企业文化体系。

1. 规模创造效益

通过强化"以规模当量提升采购话语权"谈判模式,以山东能源联合重组带来的采购规模倍增效应,持续提升采购话语权。充分发挥集中采购、集中招标、集中仓储、集中配送的规模优势,创造规模经济效应。

2. 协同创造价值

树立广义物资供应的大协同理念,依托供应链优势,强化内部协同意识,建立协同机制,加快建设产业链数字化生态协同网络,推动产业链上下游企业间数据贯通、资源共享、业务协同,提升产业链资源优化配置和动态协调水平,打造互利共赢的价值网络。

3. 数字创造未来

强化数据驱动、集成创新、合作共赢的数字化转型理念,依托大数据、物联网、云计算等新技术,通过业务数字化、运营数字化、决策数字化,有效破解信息孤岛、打破部门壁垒,推动管理数字化转型,形成"大数据驱动决策"新模式、营造"大数据管理融合"新生态,推动物供高质量发展。

4. 品牌创造辉煌

发挥山东能源的品牌优势,吸引行业头部、优秀的供应商资源,联合同行进一步扩大规模采购话语权,利用山东能源的品牌优势,做好物流供应链业务拓展、赋能社会的工作,积极开拓社会招标市场,创建山东能源招标公司品牌,加强电子商城建设和使用,创建能源行业物资采购的知名电子商城品牌。

第二节 "二融":业务层运营机制创新

山东能源将物供业务内容与数字平台形式深度融合,围绕物供业务全生命周期的各个环节,开发运营匹配的全生命周期物供服务平台,将物供主体、物供资源、物供技术、物供管理等高效整合,为山东能源物供管理的精益化、数字化和生态化发展搭建起基本的运营框架与模式。

一、"业务+平台"基本运营框架

1. 全生命周期业务梳理

山东能源全面优化物供业务流程,并利用流程驱动物供管理向高标准、高质量、高效率快速迈进,做"强"做"大"设备配件、化工建材、材料三大专业化供应链;做"精"做"深"物资需求计划、寻源招标谈判、物资采购执行、集中仓储配送、库存领耗控制、闲置废旧处置、供应分析与策略调优等业务,形成以"3 纵 7 横"为核心的全生命周期物供业务体系。

2. 全生命周期平台匹配

山东能源以数字化转型为契机,基于物供管理一体化需求,着力建设中国矿用物资网,开发具有自主知识产权的矿用物资手机平台——干将 APP,建设完善与业务高度匹配的物供管理"八大平台",并不断拓展,实现了物资从需求到采购、使用、维检、闲置调剂、报废的全生命周期管理,构建起电子招投标、询比价采购、电子商城、共享仓储管理、智慧调度、废旧物资公开处置、大数据监督、云服务等智慧化平台体系。

物供业务与物供平台的精准匹配、深度融合,形成了全物资、全流程、全业务、全界面的物供服务网络,构建起智慧采购、智慧仓储、智慧配送、智慧调剂、智慧处置的全供应链智慧物供服务体系,如图 5-3 所示。

二、全生命周期业务运营模式

(一)物资采购阶段

山能物资在各部门统筹需求预测的基础上,以"三管""四集中"的业务管控思路为指导,扩大集采规模,发挥集中招标优势,创新采购模式,形成重点突出、形式丰富、成本集约、工作高效的采购模式。

1. 清单式分级集采方式

山东能源采用统一采购模式,集团范围内所有用于生产、建设、经营的设备和材料等物资均纳入山能物资统一采购,使用单位无权对外采购。山能物资按照总部和物供区域公司采购权限划分和管理授权分别组织采购,实施清单式"两级集采"管理,即依据集采目录划分采购范围,一级集采为山能物资总部的材料采

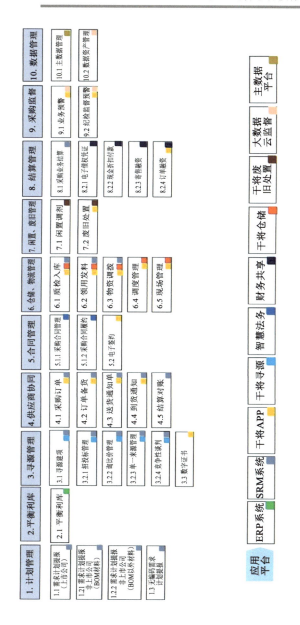

图5-3 山东能源"业务+平台"融合的全生命周期物供运营模式

注：相同色块的业务内容与应用平台相互匹配

购部、设备配件采购部、化工建材部负责的物资集中采购,主要为大宗物资的集采,包括钢材、线缆、通用类物资等,二级集采为物供区域公司的采购部、设备配件部、通用物资部、市场部负责的物资集中采购。

山能物资一级集采方式分为统谈统签与统谈分签。统谈统签是指公司总部统一组织招标或谈判、签订合同、组织到货、付款结算的采购方式;统谈分签是指公司总部统一组织招标或谈判,物供区域公司依据确定的价格及供应商签订合同、组织到货、付款结算的采购方式。统谈统签与统谈分签均由物供区域公司负责组织验收、销售回款。公司总部业务部门确定一级集采范围并明确相应的统谈统签、统谈分签清单,经公司审核后定期下发执行。

2. 集中招标采购方式

山东能源范围内生产建设、经营管理所用各类原辅材料、设备及备品备件等物资,凡是符合国家招投标法律法规和山东能源招标管理办法规定且具备招标条件的,原则上招标采购,执行山东能源与山能物资招标管理规定。其中使用国补资金的物资必须组织公开招标采购。招投标流程为资格审查、发标、投标、开标、评标、定标和合同执行 7 个业务环节,如图 5-4 所示。

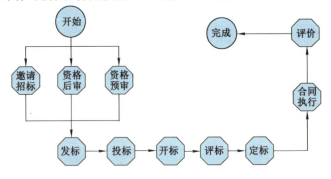

图 5-4　招投标流程

为匹配服务招投标采购模式运营,山东能源开发建设了电子招标投标交易平台。电子招标投标交易平台简称"纵横招标",是落实"互联网+"发展行动计划、大力推进"云上山能"建设、提升采购信息化管理水平的重要平台。纵横招标采用云部署、大数据、移动数字证书等先进技术,实现采购过程数字化,全程可追溯、可管控,实现功能、业务、用户全覆盖,具有七大特点和八项创新,如图5-5所示。

山东能源电子招标投标交易平台的建设运营既满足山东能源及山东能源招标公司对招标代理业务工作流程的使用和管控,也能够让第三方用户入驻,同时方便招标人、投标人操作和使用。山东能源电子招标投标交易平台将招投标过程各环节在网络平台上运行,通过监督管理,使招投标工作网络化和电子化,提高招标投标工作效率,降低招标投标成本,规范招标投标行为,增强透明度,实现招投标管理规范化、现代化、平台化。

3. 非招标采购方式

(1)询比价采购:采购人向潜在供应商发出采购询比价通知,要求供应商报价,采购人确定成交供应商的采购方式,包括通过规范的电子商务平台进行询比价后进行采购的方式。标准通用货物通常使用最低价法,单件性以及需求复杂的项目一般适用于综合评分法。

(2)竞争性谈判采购:采购人通过公开或邀请的方式选择合格潜在供应商参与项目谈判的采购方式。采购人组建的谈判小组分别依次进行一轮或者多轮交流及谈判,并依据谈判采购文件、供应商最终响应文件及其供应标的物的技术、经济、商务等方案要素综合研究确定成交供应商。

(3)竞价采购:采购人对响应采购的供应商按照采购文件规定的规则和时限多次提交的竞争性报价进行评价排序,并确定成交供应商的采购方式。竞价采购必须在电子交易平台上在

"云平台+专业工具"，专业的事情交给专业的工具

1 立项

可以通过多种途径立项：
1. 项目管理工具
2. 电脑端
3. 企业ERP、OA

支持多种方式：
公开招标、邀请招标、竞争性谈判、竞争性磋商、单一来源、询价、竞价、电商直采

2 招标 公告发布：

招标管家

模板文件制作
招标文件制作
公告文件制作
通知文件制作

3 投标

投标管家

公告订阅
在线报名
在线支付
在线投标
远程开标

4 开标 开标终端

视频直播
桌面同步
语音唱标

5 评标 评标终端

异地评标
一键清标
智能打分
自动报表
同屏比对

6 定标

推荐候选人
候选人公示
确定中标人
中标公告
电子通知书
异议投诉

7 归档

一键归档

一键将所有过程文件转成pdf文件，存放在专业的电子归档系统中，该系统符合国家档案局的规范

图5-5 山东能源电子招标投标交易平台特点

线进行。

竞价采购的适用范围:除公司规定必须进行招标的项目以外,竞价采购通常适用于技术参数明确、完整,规格标准基本统一、通用,市场竞争比较充分或公司已经完成供应商入围招标的采购项目。

(4)单一来源采购:单一来源采购是指按照规定程序向单一供应商直接购买的采购方式。单一来源谈判的适用范围:采用不可替代专利或者专有技术的,只有唯一供货商的;采购物资属于国家专控的;必须保证原有采购项目一致性或者物资配套的要求,需要继续从原供应商处采购的。

(5)直接采购:因情况紧急、涉及企业秘密等原因,不采用以上采购方式,直接进行采购的行为。

(6)电子商城采购:在大宗物资集采之外,对于价格波动不频繁、供应链体系较成熟的通用类物资,锁定采购价格,借助电子商城平台,直接点单采购,以减少招标询比价业务环节,在确保采购效益的前提下,提高采购效率。

(二)仓储管理阶段

山东能源采用集中仓储管理模式,并基于山能物资总部、物供区域公司、驻矿供应分部三级管理架构,积极推进"统一储备、统一调度、统一质检、统一配送、统一标准"的管理改革,大力建设智慧化、透明化的仓储调度管理体系。

1. 智慧化仓储体系

山东能源以"智慧库存控制、智慧物料存放、智慧物流规划"为宗旨,以数字化仓储调度平台建设为支撑,以山能物资总部加区域公司两级管理模式为基础,形成公司仓库、现场周转仓库、供应商寄售仓库三类实体仓库加供应商云仓联储仓库的现代化仓库"3＋1"储备体系模式,以及"区域中心库＋急救包"层级储备模式(急救包是指满足区域日常生产事故、抢修所需物资,由物资使用单位配合设置并进行日常管理,急救包存储的物资为未出库物资)。

2. 透明化管理平台

为匹配智慧化仓储管理,山东能源构建了国内煤炭行业首个集数智化、透明化为一体的仓储管理调度平台,对物资存放仓库区域、库位、送货供应商、物资品种、规格、材质等基础数据进行收集分析,实现"库房、库位、库存状态、数据统计分析"可视化,大幅提高工作效率,降低仓储管理成本,如图5-6所示。山东能源在应用端开发运营干将APP,以仓储管理的收货、发料、调拨3个关键业务节点为纽带,上下延伸,通过干将 APP 完成货物移动的系统操作和"一物一码"管理,实现物资采购"最后一公里"的数字化、智能化转型,加强供应商、采购单位、使用单位的业务协作,发挥计划、库存、使用三者协同效用,如图5-7所示。

图 5-6　仓储可视化管理

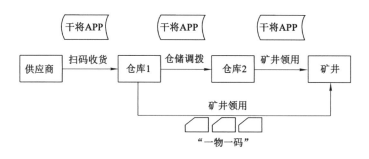

图 5-7 干将 APP 仓储管理流程

（三）物资配送阶段

1. 配送服务集中化

山东能源重点推进区域公司中心库物资集中配送模式。依托可视化的仓储管理调度平台,物资的收货入库、库内管理、提货出库、仓库监控等数据能够得到有效采集与分析,从而实现中心库物资的精准上下站管理。通过开具调拨单、自动生成配送计划等操作,能够进行高效快捷的配送管理,有效降低公司的物资管理成本,并实现集中配送功能。

2. 配送流程标准化

山东能源各级仓储调度中心负责物资供应范围内的配送管理,包括现场装卸车监督、装载量确认、运价确定、运费核算等。物资进入中心仓库记账后,由各物供区域公司仓储调度中心根据计划情况,1 个工作日内开具调拨单,当日将调拨单集中送交配送单位。配送单位根据调拨单情况组织装车,原则上 2 个工作日内配送完毕。无特殊原因已开具调拨单的物资,不得拒绝收货,由各物供区域公司仓储调度中心负责监督。

3. 物流服务外包化

山东能源实行以第三方物流配送为主,自营车队、供应商直送为辅的配送格局。第三方物流主要用于生产运维物资以及常规性、周期性、相对固定物资的配送。自营车队可适时开展限时配送,以及部分项目物资和备品备件的配送。供应商直送适用于紧急需求、大型物资及通用性较差物资的配送。各级仓储调度管理中心依据不同配送需求编制配送计划,按照需求紧急程度区分紧急配送计划和一般配送计划以保障供应。

（四）闲置调剂与废旧处理阶段

1. 闲置物资共享调剂

山东能源依托"云上山能"的闲置物资调剂平台进行闲置物资的盘活利用,以降低储备占用。该平台与企业 ERP 信息系统集成,对山东能源各单位闲置物资进行统一管理与信息发布。进入闲置市场的用户可自由发布闲置设备信息,发布成功的信息,将在闲置设备商城中统一展示,同时在该用户商圈中同步展示。干将 APP 具备申请看货、技术支持、物流服务等售前服务功能和销售、调剂与租赁业务、竞价出售、资金系统等交易系统功能,从而发挥出集中协同效用,最大程度上实现了闲置物资的信息共享、分类处理和优化配置。

2. 废旧物资公开拍卖

山东能源在大力推进闲置物资调剂的同时,对不能满足内部调剂使用的物资,联系厂家进行回购,或转为废旧物资进行线上竞价拍卖,以进一步挖掘闲置资源最大价值,并相应地建有废旧物资处置平台。该平台实现全流程线上操作(见图 5-8),通过资质管理、方案设计、交易管理、执行监督四个核心模块的系统闭环,为用户提供

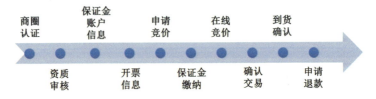

图 5-8　山东能源废旧物资处置平台的拍卖流程

移动端拍卖、货物转移监督、技术咨询、业务指导、货物运输、订单融资等服务,不仅确保了废旧物资的公平、公正、公开处理,而且打造出"流程规范、风险可控、处置高效"的行业生态平台。

第三节　"三化":业务层运营策略创新

山能物资始终致力于"创建匹配世界 500 强企业的行业领先物供管理体系",在认真汲取先进物供理念的基础上,以"业务＋平台"融合的一体化物供管理模式为框架,积极探索、锐意创新,在物资采供精益化、物供管控数字化、物供服务生态化等方面创出了新特色、干出了新成效。

一、物资采供精益化

精益管理是一种通过对战略和目标进行分解、细化和落实的过程,持续改善工作进展,以达到最大限度地减少管理所占用的资源和降低管理成本为主要目标的管理方式。山东能源创新形成独特的"三分"法,通过业务模式的模块化设计,推进物资采供的差异化、精准化,并围绕全生命周期业务规划,形成全方位、螺旋上升的精益管理体系。

（一）物资采供"三分"方法论

煤炭企业的物资类型多样,管理业务复杂,因而物供管理也不能简单地一刀切。"三分"即通过需求分析构建物供场景进而匹配物供模式,并对应物供平台,分场景、分模式、分平台,提供精准化、模块化的物供服务。

所谓"分场景",即充分考虑物资的类型、物资的生命周期、物资的需求方、物资的供应商、物资的业务需求等,形成物资与业务匹配的各种需求场景;所谓"分模式",即基于物资的需求场景,综合动用各种物供主体、物供技术、物供方案等,形成针对性的物供模式;所谓"分平台",即基于物供服务的数字化、平台化发展趋势,开发不同的数字化操作平台,在线实现物供需求提出与物供模式提供的匹配对接。

场景、模式、平台三者紧密不可分。场景,是模式设计的出发点,是平台架构的基础情境;模式,是特定物资应用场景下的定制化解决方案;平台,是场景的数字化呈现和模式的数字化实现。因而,山东能源在业务层面的物供服务创新中,遵循了两大原则(见图5-9):

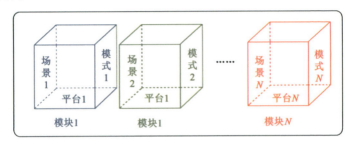

图5-9 "一场景、一模式、一平台"的模块化物供服务创新

一是匹配性原则,即根据不同物资应用场景,设计特定的物供管理模式,匹配专属的物供管理平台,即"一场景、一模式、一平台"。

二是模块化原则,即通过"一场景、一模式、一平台"的匹配,形成模块化的物资管理方案,形成可复制、可推广的物供管理整体解决方案。

(二)"三分"模块化智慧物供体系

1. 模块化设计流程

(1)需求分析,区分不同物资与业务组合的物供场景

即区分物资的不同应用场景,包括考虑物资的类型、物资的生命周期、物资的需求方、物资的供应商、物资的业务需求等所形成的物资与业务匹配的各种场景。山东能源对物资应用场景与

物资业务场景进行组合,将设备配件、化工建材和材料等不同物资应用类型与物资在全生命周期所处的计划、采购、仓储、配送、领耗、调剂、废旧处置等不同业务环节进行匹配,形成物资应用与业务组合的物供场景。

(2)匹配场景,区分不同针对性的物供模式

即基于保供优供、降本增效原则,针对设备配件、化工建材和材料等不同物资在全生命周期所处的计划、采购、仓储、配送、领耗、调剂、废旧处置等不同业务环节,选择不同的物资管理模式,以满足物资在不同应用场景下的管理要求。

(3)对接供需,区分不同服务场景和模式的物供平台

即构建不同的数字化操作平台,针对不同的物资应用场景及其对应物供管理模式,实现物资供需信息的即时对接和物供管理业务的在线办理。山东能源构建的"云上山能"之"互联网＋大物供"大型企业集团采购供应链管理平台矩阵是一套定位于工业互联网 2B 领域商务场景的物资采购全生命周期管理平台生态体系。平台以"一模式一平台"为原则,围绕物供管理中各业务模式和管理方式,建设线上全流程招标、多轮次竞价(询比价采购)、废旧物资处置、闲置设备调剂、共享云仓、电子商城、仓储管理、大数据云监督等核心平台与社交、主数据管理等生态配套平台。

2. 智慧物供模块集成

山东能源围绕全生命周期物供业务,涉及的核心业务流程包括需求计划、招标谈判、采购执行、仓储配送、库存控制、闲置废旧等,辅助业务流程包括分析调优、结算、纪检监察等;运用"三分"方法论,针对设备配件、化工建材、材料等不同物资的应用和业务场景,基于"一场景、一模式、一平台"思想,设计形成若干特定的物供业务模块;进一步落实物资采供的责任单位或主体,从而形成"三分"模块化智慧物供体系,实现从需求到采供、交付、结算、售后全流程的精益服务,见图 5-10。

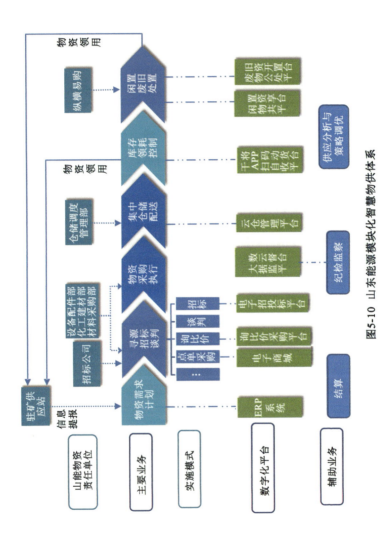

图5-10 山东能源模块化智慧物供体系

二、物供管控数字化

数字化转型是企业高质量发展的必由之路。山东能源基于"专业化、区域化、平台化、一体化"的物供管控思路,立足业务需求和自身优势,充分利用数字技术赋能发展,从运营、管理、监督等不同维度全面丰富数字技术应用场景,促进物供业务提档升级与创新发展,并突出地表现在如下四个方面:

1. 资源数据化

山东能源致力于打造统一协同的物资供应管理信息系统(见图 5-11),通过打通山东能源 ERP 系统(SAP)、SCM 系统(中国矿用物资网与干将 APP 部分模块)、CRM 系统(干将 APP)、电子招投标系统、OA 系统、IM 系统、废旧竞拍系统等多个业务系统,从多个软件系统中开采数据,不断获取所需的精准、实时的数据,自动建立数据关联,输出利用率极高的结构化数据。

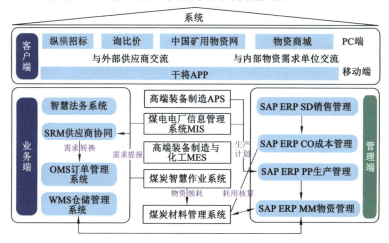

图 5-11 山东能源物资供应管理信息系统

在此基础上,山东能源持续推进物资供应管理信息系统在客户端、业务端、管理端的优化升级,完善从需求计划管理到采购寻源、合同签订、质量验收、货款结算、仓储管理、智慧配送等全业务领域的数据资源,用大数据支撑物供科学规范管理。

2. 运营平台化

山东能源大力构建"云上山能"数智平台生态体系,并将物供体制改革与数字化转型有机联动,重点建设"八大平台",即以"一场景、一模式、一平台"为原则,围绕物供管理中各业务模式和管理方式,建设电子招投标、询比价采购、电子商城、共享仓储管理、智慧调度、废旧物资公开处置、大数据监督、云服务等八大平台。终端以 PC 端的中国矿用物资网和移动端的干将 APP 为载体,承载所有平台的运行及功能应用。

在"八大平台"基础上,山东能源持续优化物供服务,建设以大数据为支撑的全供应链智慧物供平台,实现在线招采、自动平衡利库、供应商管理、财务结算等物供服务的运营平台化、线上透明化。

3. 决策智能化

山东能源在信息化与数字化建设的基础上,开始关注智能化的数据挖掘,推进从数据到信息、知识、决策的转化,以摆脱传统认知和知识的边界,为企业提质增效、释放生产潜能、实现企业收益最大化提供有效支撑。

山东能源物供决策智能化主要有两大发展方向:一是强化管控预警,通过研发应用需求预测、物资采购、价格管理、库存预警等智能模型和数据分析,增强运营管理人员对物供问题的识别和分析,形成人与物资供应链系统协同服务的创新;二是开发基于深度学习的智能决策系统,通过智能模型和数据分析,使物资供应链系统能自运行、自诊断和自决策,部分替代员工和管理人员原有的工作,让其转而做更具创新性的物供服务工作。

山东能源构建起的物供信息化系统,能够实时采集需求计划、采购执行、物流配送、质检分析、闲置废旧处置等数据,通过数据分析,形成各类智能模型。如在价格管理方面,山东能源按照大宗物资采购价格与其主要成本要素挂钩联动的原则,通过数学方法对物资的价格组成与价格变动规律进行描述,实施了40多种大宗物资价格模型定价制度,建立和不断优化物资采购价格数学模型,按价格模型启动调价机制,以提高物资定价的科学化水平,为价格变动提供依据,为物资采购工作提供数据支撑。

4. 监督透明化

山东能源在中国矿用物资网、干将 APP、企业 ERP 的基础上,围绕大数据分析和监督智能化,构建大数据云监督平台,依据"112333"(1 条主线、1 个原理、2 个基本点、3 个导向、3 个原则、3 个目标)设计思路(见图 5-12),着力建设"人在干、数在转、云在算、纪在线"的物资采购大数据云监督立体运行体系,从而加大了对物资采购各环节的监督检查力度,实现了事前防范、事中控制、事后纠正的全面监督机制,打通了基于物资采购及招投标"业务监督"之上实现纪检"监督的再监督"的路径,创新了监督执纪问责的新模式。

山东能源大数据云监督平台针对物资采购专业领域特点,重点在招投标、价格确认、供应商行为、工作效率等方面进行精准聚焦监督(见图 5-13),并具有预警报警、综合分析、限制控额、线索发现等强大功能。通过数据自动录入、图表生成、统计汇总、比对分析,挖掘问题线索,抓取运行数据,对程序、额度等出现违规违纪标准的,及时预警报警提示;对特定时间区间内的同类数据,进行综合比对分析,发现趋势性或苗头性隐患或问题;设定相关数据禁止性标准,对超过规定标准的各类程序、费用、交易等,实行在线控制;在线检索,问题可溯,实现精准监督执纪,为集团业务创造良好的发展环境。

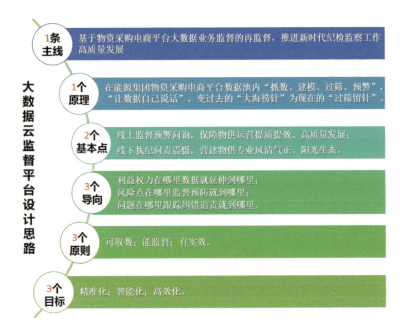

图 5-12　大数据云监督平台"112333"设计思路

图 5-13　大数据云监督平台的精准聚焦监督点

三、物供服务生态化

山东能源深谙平台企业生态化发展的趋势与要义。一是围绕集采、仓储、配送、废旧物资处置等核心业务,对内通过集中管控,优化资源配置,发挥协同效应;对外聚焦核心供应商,协作共赢,发挥品牌效应。二是关注业务的成长性,基于平台属性、品牌效应、数智能力等,集聚更为广泛的内外部主体,开拓外延业务,扩大平台的生态物种与规模。

1. 深化供应商战略合作

山东能源按照"国内行业头部企业或能源集团连续两年采购量最大"的原则,甄选50余家国内头部企业签订战略协议。基于战略合作,山东能源享有同机型主机、配件的国内最低价、易损件和关键件以及重点材料物资的寄存寄售、运维服务等最优惠待遇;而战略合作厂家享有年度框架协议招标优先入围和三轮报价首轮最高报价不被淘汰两大权利。与此同时,山东能源还致力于成为"供应商的供应商",为战略合作供应商提供供应链金融、市场信息、通用物资联合采购、规模订货等服务,为供应商兑现合同、降低制造成本创造良好的合作生态。

2. 打造逆向物流生态圈

废旧物资处置不仅是物资供应闭环管理的要求,也是各物资使用单位集约创效的重要环节。山东能源以废旧物资处置平台建设为抓手,着力打造逆向物流生态圈。该平台不仅提供废旧物资的信息服务、账户管理、交易管理等基础服务,还提供废旧物资检测、货运、订单融资等增值服务,全面优化用户的服务体验,因而吸引到集团内外用户的广泛参与,有效推进了废旧物资的循环再利用,形成经济效益与社会效益共创,用户、平台、资源等要素协同的逆向物流生态圈。

3. 培育供应链金融服务

随着山东能源物供板块的精耕细作、做大做强,规模效益、协同效应、品牌优势日渐凸现,山能物资作为平台企业的资源集聚作用愈发明显,培育出诸多具有生态化特征的新型物供服务。其中比较具有代表性的供应链金融业务是依托核心企业的信用,利用数据优势,在保证业务真实性、付款方确认付款责任的基础上,为供需双方开立可融资、拆分、流转电子债权凭证的金融服务,能够有效解决各类中小企业融资难问题,降低产业链融资成本,盘活企业资产,并为平台企业引入流量和资源,完善生态要素。

第四节 "二翼":支撑层协同集成创新

山东能源在物供管理支撑层积极推进技术与管理"二翼"的协同集成创新,这种创新具有内部相容性、功能互补性、整体优化性和功效非线性。山东能源在物供技术方面,以智能工作流程推动智能供应链管控,积极探索新型物供技术的开发与应用,并形成了一整套成熟的技术管理工作制度;在物供管理方面,持续推进物供管理基础标准化、治理制度化、数据资源化、价值共创化等建设,从而使技术更好地服务管理创新,管理更好地引领技术创新,两者相得益彰(如图 5-14 所示),共同促进企业走上快速成长和可持续发展轨道。

一、技术支撑

(一)数据驱动的物供技术应用

山东能源基于物供技术在供应链定制化、自主学习、动态计算等方面的发展趋势,以智慧采购、智慧仓储、智慧配送、智慧调剂、智慧处置等业务流程为推动,以电子招投标、询比价采购、电

图 5-14 山东能源物供"二翼"的管理集成创新

子商城、共享仓储管理、智慧调度、废旧物资公开处置、大数据监督、云服务等八大平台建设为抓手,积极探索云技术、IOT 传感、机器人与自动化等供应链信息技术在各业务环节的创新应用,以增强供应链响应能力和灵活性,实现现代供应链管理与数字技术的有机融合。其中,较具代表性的技术与应用有:

1. 大数据与预测分析技术应用

大数据与预测分析技术是对不同的海量、高速数据进行集中收集、处理,并得出见解的方法、工具和应用程序。它能够及时分析来自多种来源、具有不同形式和结构的大量数据,并更加快捷地做出科学判断与决策,在企业的市场预测、供应链管理、用户行为分析等方面有着广泛的应用场景。山东能源物资的大数据与预测分析技术应用主要有以下两大工作重点:

一是物资大数据治理。开展以数据标准化、数据质量治理、采购数据分析为主的采购数据治理与分析,解决数据不可知、不可取、不可控、不可联等问题。完成物资公司采购数据治理架构,厘清企业的数据模型、数据关系、数据处理,对数据资产形成统一的自动化管理,技术元数据库与业务元数据库自动关联,形成企业的元数据库。

二是大数据云监督。包括以物资采购及招标关键业务节点的廉洁、行为、管理为监督点,对采购关键流程监督与异常问题进行预警;设计完成重要物资的采购价格模型、专家倾向性打分模型、投标人围串标模型的算法,解决采购行为中物资定价与供应商选择这两个核心环节的制度缺失和执行不力,实现业务监督与纪检监察从有形覆盖向有效覆盖转变,监督对象从"关键少数"覆盖到行使公权的所有人员,监督方式从事后纠正延伸至事前防范、事中控制、事后纠正的全程控制。

2. RPA 技术应用

RPA(robotic process automation)技术全称为"机器人流程自动化",是通过软件模拟人在电脑端的操作,按规则自动执行流程任务,具有 7×24 小时无休、非侵入式开发、不依赖复杂开发、全程可控可被追溯等技术特点,适用在数据量大、重复度高、规则明确、跨业务系统、高人力成本的工作中替代人工操作,节省人工成本。

山能物资作为山东能源物资统一采购管理的专职公司,每年采购额达 140 亿元、招标 600 亿元,每年创建的采购订单数超 30 万条,每天需创建 500 余条采购订单,同时需要在山东能源经营一体化平台中做大量的人工操作。重复大量的系统作业不仅让员工们疲劳懈怠,极易出现工作失误,也降低了员工的工作体验和满意度。针对于此,山能物资探索使用 RPA 机器人技术替代人工作业、辅助人工作业,先后研发 20 项 RPA 机器人程序,累计运行超 30 000 小时。仅 2022 年就新增研发 9 项 RPA 机器人,运行 7 072 小时,全年节省人力 13.5 人,节省人工成本 202.5 万元。真正让科技赋能落到实处,实现企业降本增效。

3. NLP+人工智能技术应用

NLP(natural language processing)技术全称"自然语言处理",是研究人与计算机交互的语言问题的一项技术。为提高山能物资电商平台客户服务效率与质量,山能物资采用 NLP＋人工智能技术组合创新的智能机器人客服系统,设置机器人客服座席,由人工智能机器人自动学习文本知识库、知识点,针对客户语音与文本问题进行自动解答,目前已上线运行智能文本机器人、智能语音机器人,完成 327 个知识点搭建,日访问量近百,有效召回率达 85％。通过智能客服为客户提供变革性的智能自动化解决方案,提升平台运维响应速度、规范问题解决流程及方式。

(二)全生命周期的技术管理机制

山东能源在大力推进新型物供技术应用创新的同时,也积极从技术管理机制入手,推进山能物资科技创新服务平台建设。该平台下设学习服务中心、头脑风暴中心、成果管理中心,在技术挖掘、技术孵化、技术应用等方面分工协作,旨在增强企业竞争发展的技术优势,全面提升企业自主创新能力,构建完善的企业科技创新体系。

1. 技术挖掘

山能物资科技创新服务平台下设的学习服务中心,主要负责协助经理层制定学习计划并组织全员开展知识学习,具体包括制定学习计划、组织集体学习、检验学习成果等工作内容。其中,学习计划通过结合公司发展规划、职工职业成长、新技术新模式转化、企业发展瓶颈与困难等方面制定季度计划;集体学习采取自学领学、读书分享、专题辅导、参观学习等方式,提高学习效率与质量,营造"人人为师,人人为学"的浓厚氛围;检验学习成果则是客观地对内容实用性、方式体验感、总结深刻性进行评价。

通过上述工作机制,科技人员能够对前沿的物供技术、应用场景等进行学习共享,博采众长,并在知识解构与重构中,实现潜在物供技术的挖掘,为技术孵化、转化进行知识和技术储备。

2. 技术孵化

山能物资科技创新服务平台下设的头脑风暴中心,主要负责制定创新讨论课题并组织全员开展课题研讨,具体包括组织研讨会、整理主题报告等工作内容。研讨会一是讨论技术转化落地、探讨新模式和新业务,二是讨论产品功能优化、业务模式创新等,并在会后根据研讨内容出具专题报告,用于团队智库管理。

通过上述工作机制,科技人员能够围绕相关技术方案进行聚焦研讨,并在观点碰撞中达成技术开发和商业模式应用的发展共识,特别是基于专题报告内容,能够规划设计相应的产品技术路线蓝图或潜在商业模式,从而形成新技术、新模式孵化的可行方案。

3. 技术应用

山能物资科技创新服务平台下设的成果管理中心,负责创新成果管理工作,具体包括成果档案管理、成果鉴定工作、成果奖项申报等工作内容。成果管理中心与集团技术研究总院紧密联动,不仅配合做好成果鉴定、成果申报等工作,而且对于研究开发过程中取得的新技术、新工艺、新材料和新产品等能够积极推进,实现科技成果的应用转化。

目前,山能物资已拥有 14 项软件著作权、4 项国家专利等共计 20 项自主知识产权;荣获中国煤炭工业协会管理现代化创新成果 1 项、山东省煤炭行业协会企业管理现代化创新成果与优秀论文 4 项、山东省国资委优秀研究成果优秀奖 1 项等共计 8 项管理创新成果奖项。此外,山能物资权属子公司山东纵横易购产业互联网有限公司还获得了国家级高新技术企业、科技型中小企业等多个荣誉称号。

二、管理支撑

山东能源对于物供管理支撑体系有着清晰的认知和建设思路,见图 5-15。管理的重点是管人、管事、管物,制度化管理通过制度规范协调企业组织集体协作行为,是每一个企业成长的必由之路;标准化管理通过制定客观统一的规则,在企业的生产经营、管理范围内获得最佳秩序,是企业精益管理的重要手段;而员工价值管理是人力资源管理的高阶思维,在提升员工价值的同时,更好地服务于企业发展,实现价值共创。上述管理内容共同构成了山东能源在全供应链智慧服务体系构建与发展中的重要管理支撑。

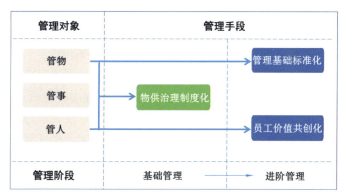

图 5-15　山东能源管理支撑体系的建设思路

（一）物供治理制度化

1. 健全制度体系

山东能源以物供体制改革为契机,围绕着物供综合治理及计划、采购、仓储、配送等业务节点,在集团层面和物资公司层面,相继出台了一系列规章制度,全面构建物供管理制度体系。如在综合治理方面,山东能源出台了《物资供应体制改革方案》《物资采购及供应管理办法》等;在业务管理方面,出台了《招标投标管理办法》《招标实施细则》《非招标采购管理办法》《设备专家采购谈判管理办法》《电商点单采购实施办法》《供应商管理办法》《合同管理办法》《物料主数据管理办法》《仓储管理办法》《废旧物资处置管理办法》等,全力保障山东能源集采效益放大、资源统一配置、物资集中储备、服务规范高效的物资供应管理。

山东能源集团智慧物供体系创新实践

2. 强化制度执行

为了进一步落实制度的执行与监督职责，山东能源一是强化对各级组织的绩效考核制度，梳理出数十项重点工作，并出台了针对山能物资总部和直属公司、物供区域公司、区域公司负责人的不同业绩考核办法；二是强化党委全面监督、纪委专责监督、部门职能监督、基层日常监督管理，抢抓制度措施落地，努力营造"定了就要办，说了就要干，干就要干好"的浓厚氛围。

3. 建立制度动态"废、改、立"机制

为促进制度体系的日臻完善，山能物资按照"做法程序化、经验制度化"要求，积极对标行业先进企业做法，每半年组织一次针对制度建设、业务流程、体系创建的专班会诊和制度完善，加大制度废改立力度，确保制度管人、流程管事。如 2022 年开展"制度落实年"活动，梳理形成 2021 年制度废改立清单 53 项，持续健全制度体系，不断优化计划、合同、仓储、配送等制度内容和岗位职责项目，以实现"集采创效、协同增效、平台管控、服务提升"的经营目标。

（二）管理基础标准化

山东能源围绕采购、招标、仓储、配送等核心业务，分门别类建立管控规范，全面打造物供标准体系（见图 5-16），持续推进物供精益管理，并有效提升山东能源物供品牌的社会公信力和采购影响力。

（1）物资品种标准化。为进一步放大集采效能和规模效应，山东能源在对同种物资最大限度减少品种型号的同时，大力推进物资标准化清单建设，采取了推进设备规格型号和配件备品的标准化配置、丰富电子商城点单采购品类、强化物资计划管理等举措。

（2）物料编码标准化。物料是最重要的主数据，贯穿整个采购、生产、库存、销售全生命周期。山东能源在夯实编码基础管理

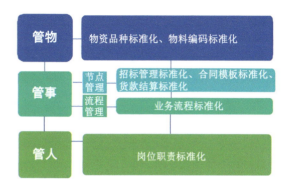

图 5-16 山东能源管理基础标准化体系

的同时,进一步规范编码变更、新增审核流程,出台管理办法,并与兖矿能源物供中心协同推动物料主数据标准化,构建覆盖山东能源全面、统一、规范的物料主数据管理体系。

（3）招标管理标准化。山东能源高度重视招标采购的核心业务地位,围绕招标环节中的人员、流程、管理等多种影响因素,制定出详细的招谈方案、评分细则、授标建议、专家行为准则和管理办法等,从制度上保障招标工作的公平、公开、公正。

（4）合同模板标准化。合同模板标准化是基于科学动态管理理念而施行的规范化、流程化合同管理。山东能源围绕物资采供的全生命周期,找准合同管理的重点、难点,设置了设备采购、材料采购、寄存寄售、框架协议、销售合同等五个合同模板,以提升交易效率、防范法律风险。

（5）货款结算标准化。山东能源基于合同模板的标准化建设,明确规范了设备类、材料类、配件类等物资的结算模式和结算流程,实现货款结算标准化。与此同时,对一些个性化合同,则灵活机动地采取一事一议的结算条件,从而形成统一与例外相结合的货款结算模式。

（6）业务流程标准化。山东能源为进一步规范物资采购流程，全面梳理计划管理、寻源管理、供应商协同、合同管理、仓储物流管理等业务流程，制定了《物资采购及供应管理办法（试行）》《招标投标管理办法（试行）》《供应商管理办法》等一系列制度规定，持续提升业务流程标准化水平。

（7）岗位职责标准化。山东能源为进一步形成职工"言行有规矩、工作有程序、操作有原则、场所有标准"的岗位规范，围绕定岗定编、岗位标准全覆盖和三级岗位标准化体系三大核心目标，着力构建山能物资"八位一体"的岗位工作标准化体系，如图5-17所示。

图5-17　山能物资"八位一体"的岗位工作标准化体系

（三）员工价值共创化

山东能源物供管理体系是一个集各类物供资源、供求主体、物供功能等为一体，能够实现资源互动、协同共生的平台生态系统。在这个生态系统中，山东能源不仅承接着物资需求单位、供应商等内外部不同利益主体的需求，致力于实现物资采供的规模效应、协同效应，也充分关注到企业员工在努力创造企业价值的同时对于个人价值的实现需求。因而,山东能源采取了一系列行之有效的措施,激发员工的创新活力,谋求包括员工在内的整个平台生态系统的价值共创。

1. 建立动态用人机制

山东能源高度重视人才作为第一资源的战略价值。山能物资在关键业务岗位、重要管理岗位的任用上为人才提供透明、公平的竞争平台与发展通道,建立了相应的人才准入、人才培养、人才管理、人才激励、人才退出等机制。采取的措施一是将表现好、有能力、有潜力的专技人员充实到班组一线、关键敏感、基层管理等重要岗位轮岗锻炼;二是制定青年干部职业生涯规划,建立年轻干部选拔、培养、使用、激励、储备全链条机制,着力培养专家型骨干人才;三是加快推进"三项制度"改革,建立干部能上能下、收入能增能减、人员能进能出的改进机制;四是完善职业经理人相关制度,在条件成熟的权属企业实行任期制、契约化管理;五是深化薪酬制度改革,实现员工收入与企业效益同步,聚焦骨干员工、核心人员、苦累脏险岗位精准激励;六是严格实施人才管理制度,对不合格干部实行末位淘汰。

2. 选拔优秀年轻干部

山能物资结合集团"31789"优秀干部培养工程,全面落实"3235"工作目标,即力争3年内选拔培养2名"90后"优秀年轻干部进入直属公司或分公司领导班子、选拔培养3名"90后"优秀年轻干部进入山能物资机关部室(中心)副职及以上岗位、引进5名高端人才。采取的措施一是拓宽源头储备,加大高校毕业生招聘力度,并建立年轻干部的精准识别机制;二是完善培养机制,突出政治标准和专业素质,强化"导师带徒"、青年"璞玉"计划等工作制度;三是加强实践磨砺,通过基层工作经历、上挂下联锻炼等方式,加大复合型干部培养;四是优化干部年龄结构,提出明确4:5:1的"70后""80后""90后"干部年龄配比;五是实行专项管理,在增加"90后"专项技术(业务)专家岗位的同时,加大"80后""90后"高学历、高技能管理技术人员的引聚力度。

3. 推行创客联盟制度

山能物资以"小创客"撬动"大创新",成立"员工创客联盟"项目,围绕物供体制改革中的重点、难点问题,一是建立健全进言体系,为企业全体职员开放思路通道,鼓励创新性业务、创新性思维、创新性商业模式等;二是由员工个人提出业务思路和运作模式,经公司论证后建立创客联盟,自主经营,独立核算,收益分成,人尽其才,保护和鼓励创新性思维;三是制定了专门的创客联盟考核激励办法,涵盖范围全面,内容科学,通过建立价格模型、分析市场行情、独立与供应商谈判、捆绑式采购等方式不断提升创客联盟团队的管理水平和业务人员的综合素质,同时发现培养一批优秀人才。

第六章　山东能源集团全供应链智慧物供体系建设典型经验

　　山东能源物供体制以创建行业领先、国内一流、与世界 500 强企业相匹配的物供服务体系为导向,创新实践在煤炭企业集团管控大趋势下的煤炭行业物资供应管理新模式,采取了治理模式、物供业务、管理机制和技术支撑等一系列改革创新做法,以期打造煤炭行业物供示范标杆,助推煤炭行业产业链供应链高质量发展。

　　山东能源围绕整个供应链智慧物供体系建设,以集团集中管控下的物供体系治理模式为主导,以精益物供管理机制和先进数字技术手段为支撑,以物供业务全生命周期流程为核心的物供体系建设典型经验,探索形成了"12345＋N"山能物资物供体系治理模式,物供管理标准化、物供大数据云监督、资金创效、价格数字化、共享采购、创客联盟等管理机制,物供八大平台、创新服务平台、"RPA＋AI"人工智能、"AI＋NLP"平台客服等技术支撑,以及贯穿物供业务寻源招标谈判—采购—仓储配送—修旧利废等各流程的典型经验做法,如图 6-1 所示。

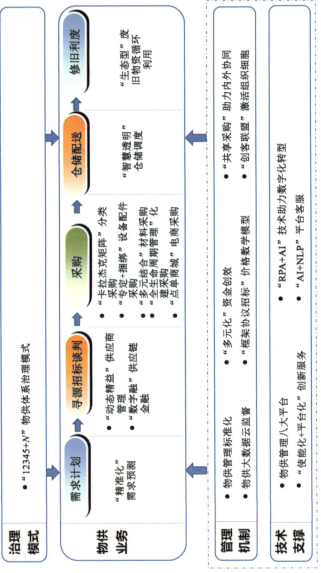

图6-1 山东能源物供体系改革创新典型做法

第一节　"12345＋N"山能物资物供体系治理模式

山东能源是由原山东能源和兖矿能源组建而成的集团公司，其物供涉及非上市公司和上市公司业务，如何通过有效的治理模式加强集团化管控和战略管理，创新物供管控体系，是一个具有很高难度的课题。山东能源经过实践，探索形成了"12345＋N"物供体系治理模式。

一、实施背景

2020 年 7 月，原山东能源与兖矿集团联合重组成立山东能源，在"规模创造效益、协同创造价值、数字创造未来、品牌创造辉煌"的发展理念下，山东能源进行了大刀阔斧的管理体制改革。物供体制改革作为山东能源管理体制改革的重要组成部分，如何在集团管控模式下充分发挥两大集团公司的资源优势进行物供体制设计成为亟待解决的问题，基于此，山东能源构建了"12345＋N"物供体系治理模式。

二、实施目的

充分发挥集团管控模式下物供管理的规模效益和协同效应，实现供应优质保供、协同创效、降本提效。

三、具体做法

2021 年 9 月，山东能源正式实施物供体制改革，目前已顺利搭建了"一个公司、两级采购、三层架构、四个集中、五项职能"和"N 个区域公司"的"12345＋N"物供体制（如图 6-2 所示）；总结形成了"规模创造效益、协同创造价值、数字创造未来、品牌创造辉煌"的物供发展理念。

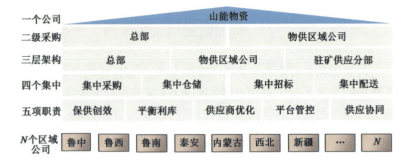

图 6-2 "12345＋N"物供体系治理模式

一个公司。山能物资作为山东能源物资供应的全责公司,负责山东能源所有单位物资的统一采购。

二级采购。建立完善的山能物资总部和七家物供区域公司两级物资集采体系,实施大宗物资集采清单采购。

三层架构。建立山能物资总部、物供区域公司、驻矿供应分部三级组织架构模式。总部负责大宗物资集采和全面管理职能;区域公司负责非集采物资采购、仓储管理、物流配送、物供服务等职能;驻矿供应分部负责与使用单位业务衔接、收发货、计划提报等职能。

四个集中。山能物资实施集中采购、集中仓储、集中招标、集中配送。

五项职责。保供创效、平衡利库、供应商优化、平台管控、供应协同五项职责。(1)保供创效的重点是发挥集团的规模优势,在与国内知名生产企业建立战略合作关系的同时,通过实施两级集中采购,确保山东能源安全生产物资集采降本。(2)平衡利库的重点是进一步压减储备物资,实施集团内同类物资最高储备限额制度,确保完成储备资金占用下降目标。(3)供应商优化的重点是抓好推进供应商招标入围工作,进一步减少和优化供应商数量,提高采购话语权。(4)平台管控的重点是抓好全部业务在平台上的运行,实现公开透明运作。(5)供应协同的重点是抓好内部物资采购、闲置设备调剂、废旧物资处置、供应链金融等方面工作。

N 个区域公司。目前,根据集团的区域产业布局,先后完成了省内鲁中、鲁南、鲁西、泰安和省外西安、内蒙古、新疆等 7 家区域公司的组建运行。

此外,山能物资还设有山东能源集团招标有限公司和纵横易购、贵州国贸等 3 家直属公司。

四、实施效果

2022 年 1～12 月,山东能源累计采购物资 227 亿元,其中:集采开票 135.07 亿元,设备 65.39 亿元,材料、配件 69.68 亿元;累计采购创效 19.23 亿元,完成 2022 年力争指标的 120%,累计实现利润 3.41 亿元。

第二节　物 供 业 务

山东能源围绕以"3 纵 7 横"为核心的全生命周期物供业务体系,利用业务流程驱动物供管理向高标准、高质量、高效率快速迈进,在物资品类管理的基础上,做"精"做"专"设备配件、化工建材、材料三大品类物资的采购管理,做"强"做"深"电商采购、需求预测、供应商管理、智慧仓储调度、闲置废旧处置和供应链金融,形成全供应链智慧物供业务领域的典型经验。

一、"卡拉杰克矩阵"分类采购

（一）实施背景

在日趋复杂、快速变化的国内外宏观经济环境下,如何科学采购、正确管理供应商关系,实现从事务性采购到战略采购的策略转型,是山东能源建设行业领先、国内一流供应链管理体系的重要一环。

卡拉杰克矩阵分类法最早由哈里·马科维茨提出,1983年卡拉杰克将其运用到采购组合管理中,根据收益影响和供应风险把采购组合分为不同的采购项目,对不同的项目制定有针对性采购策略,"棋盘博弈采购法战略体系"是卡拉杰克矩阵衍生出的采购决策分析工具。鉴于煤炭企业物资多样性和管理业务的复杂性,山东能源采用卡拉杰克矩阵和棋盘博弈战略采购体系分析工具,对物料进行合理分类和评估,从而为物供解决方案的设计奠定基础,进而服务于差异化精益采购策略。

(二)实施目的

对山能物资进行科学分类,针对不同物资类型设计合理的采购决策方案,正确处理供应商关系,实现从事务性采购到战略采购的策略转型,提升采购效率。

(三)具体做法

山东能源利用卡拉杰克矩阵对物料进行分类,借助棋盘博弈采购法的战略体系这一衍生的采购决策分析工具,对物料进行分析,建立物料品类与供应关系的矩阵模型,包括4种采购战略、16种采购方案以及派生出的64种采购方法。

1. 物料合理分类

根据卡拉杰克矩阵模型分析,山东能源物资分为杠杆型物料、战略型物料、瓶颈型物料、日常物料4种,如图6-3所示。每类物资的物品属性、买卖双方地位、采购战略推荐、主要降本方向各有侧重,如表6-1所列。

杠杆型物料可以按标准的质量等级从不同的供应商处购得,对生产成本或产品价格有较大影响,价格的微小变化或质量改变将强烈影响成本价格。采购方有选择供应商的自由,供应商数量众多,而且转换成本较低。

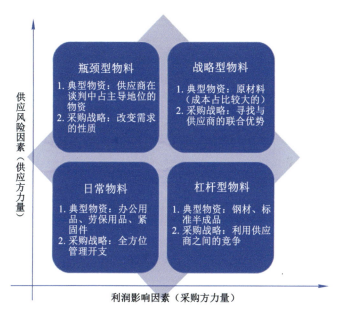

图 6-3　物料分类矩阵

表 6-1　山东能源物资分类属性

物料类型	典型物资	买卖双方地位	采购战略推荐	主要降本方向
杠杆型物料	钢材、化学品类原材料或标准半成品等	买方主动，相互依赖性一般	双方达成良好的框架协议并制定有针对性的定价，保持和谐的发展供应关系	招投标、集中采购、引入新供应商、加强谈判、实施标准化、完善供应商绩效评价、开展 JIT 采购与 VMI 管理
战略型物料	原材料，且该原材料在产品成本中占比比较大	力量均衡，相互依赖性较高	战略联盟，紧密联系，充分考虑垂直整合，关注长期价值	建立长期的供应合作伙伴关系、供应商先期参与（ESI，供应商参与产品研发）、为便利采购而设计（DFP，参与 ESI 的供应商提供技术与标准，企业自制产品）、利用长期合约（"期货合约"）降低成本

表 6-1(续)

物料类型	典型物资	买卖双方地位	采购战略推荐	主要降本方向
瓶颈型物料	特殊配件、进口配件	卖方主动,相互依赖性一般	注重使用标准化产品、随时监测订单,优化提高库存水平,尽量寻找替代品和潜在供应商	开发新技术/新工艺/新材料替代、价值工程/价值分析(最低生命周期成本)、采购窗口期(超前购买、低点囤货)
日常物料	劳保用品、办公用品、维护用品和紧固件等	力量均衡,相互依赖性较低	通过提高产品标准和改进采购流程	不要花费太多精力,如果有成熟的第三方采购平台,直接外包成本最低。通过第三方采购/非核心采购外包,即通过把低效资产或流程转交给能够提供更大规模效益、流程效率和专业知识的第三方来提高自身采购价值。通过内外部的资源整合实现资源共享,帮助企业提高供应链管理效率

　　战略型物料是供应商单一、产品或生产成本占比比较大的物料,采购行为受供应商影响较大,物资采购需要采购方和供应商建立一种平衡的合作关系。

　　瓶颈型物料是采购供应链上最薄弱的环节,物料一般是生产过程中的必备物资但供货渠道相对单一,通常是供应商在谈判中占主导地位。

　　日常物料指供给丰富、采购容易、成本影响较低的物料,价值低、存在大量可供选择的供应商、很少造成技术或商业问题。

　　2. 建立物料分类评估模型

　　按照供应风险因素和利润影响因素两个方面对物料开展分

析,供应风险因素可包括物料复杂度、市场集中度、供应链风险、供应商独立性、客户销售额的潜在增长比例 5 个评分维度,利润影响因素按照年度采购金额占比来划分评分维度,见表 6-2。

表 6-2　山东能源物料分类评分指标

评分维度	评分指标	指标释义
供应风险因素	物料复杂度	结构或工艺的复杂程度
	市场集中度	供应商资源的丰富程度
	供应链风险	物料对正常生产的影响程度
	供应商独立性	切换供应商的难易程度
	客户销售额的潜在增长比例	物料作为原材料的产品,销售额潜在增长比例。因矿用物资的产成品唯一,增长比例设为固定值
利润影响因素	物料小类年度采购金额占比	A 类(50%)、B 类(30%)、C 类(20%)

通过开展物料分类工作,划分物料分类,针对不同物资类型设计合理的采购决策方案,正确处理供应商关系。如在日常物料中存在 2 个电商平台供应商的,建议纳入电商直采清单进行管理。借鉴"棋盘博弈采购法战略体系",建立物料品类与供应关系矩阵模型(见图 6-4),如针对上述物料分类矩阵中的瓶颈型物资,属于 64 种采购方法"大型供应商全面合作战略"或"供应商整合"方法的,由创客联盟运营管理。

3. 典型案例

通过采用"卡拉杰克矩阵"模型对物资采购因素进行分析,低值易耗品属于模型中的"日常类物料",采购战略应采取提高产品标准和改进采购流程的方式:一是不要花费太多精力,如果有成熟的第三方采购平台,直接外包成本最低;二是通过第三方采购/非核心采购外包,把低效资产或流程转交给能够提供更大规模效

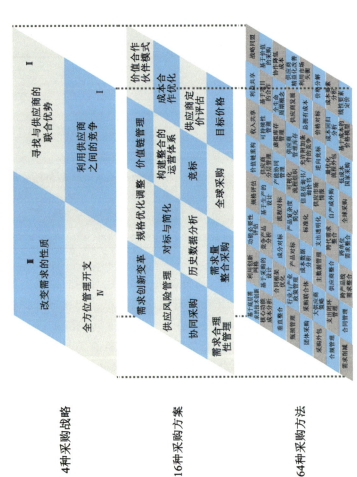

图6-4 物料品类与供应关系的矩阵模型

益、流程效率和专业知识的第三方来提高采购价值;三是通过内外部的资源整合实现资源共享,帮助企业提高供应链管理效率。

综上,低值易耗品因价格波动不频繁且单品价值低,所以采购降本主要工作重点在降低供需沟通、采购决策、仓储物流、供应商管理等所有权成本。同时,供应风险因素与利润影响因素均处于低位("卡拉杰克矩阵"模型分析),供需双方关系依赖度低,应在控制成本的前提下,采取一系列相关积极的工作方式提高利用影响因素权重。因此,低值易耗品的采购降本工作应以"标准化、数字化、成本与效益均衡"等原则开展工作,标准化主要指开展规格管理标准化、招采程序标准化、合同履约标准化等一系列标准化工作,通过标准化减少规格品类、提高规模效应规范采购业务流程、降低管理成本;数字化主要指建设统一的线上采购电商平台,通过平台进一步巩固标准化成果、提高工作效率,开展采购数据分析工作、提高采购决策准确性;成本与效益均衡主要指管理成本投入与采购创效产出要均衡,通过第三方采购,把低效资产或流程转交给能够提供更大规模效益、流程效率和专业知识的第三方来提高采购价值。

(四)实施效果

基于卡拉杰克矩阵的物资品类管理大大提升了物料分类的科学性,为精益物供管理奠定了坚实基础。自 2022 年 5 月份以来,山东能源先后对 70 余个项目进行精准谈判,累计创效近 5 000 万元;2022 年 12 月山东能源材料和配件计划准确率达到 82.33%,较 6 月提升 17%。

二、"专家化＋捆绑化"设备配件采购

(一)实施背景

在山东能源物资供应"专业化、区域化、平台化、一体化"的管控思路下,山能物资根据设备及配件类大宗物资的不同特征,精

准定制相应的采购模式,专业化做细做优物资供应管理工作。设备与配件专家式和捆绑式采购,有效控制了供应商利用主机抢市场、利用配件赚利润的不良竞争手段。

（二）实施目的

增强设备配件采购话语权,提高谈判效率和成交价格的精准性,充分发挥山东能源的社会品牌和集采的规模优势,实现采购创效。

（三）具体做法

1. 设备配件供应商选择

按照山东能源《设备集中管理实施方案》要求,在山东能源设备管理中心统一设备选型、统一配件标准的基础上,通过签订战略合作框架协议、供应商框架协议入围等方式,与国内行业排名前两名的企业建立主要设备“短名单”制度,并实施设备谈判“专家化”和配件采购“捆绑化”,进一步推进区域设备配件供应商的相对统一。

2. 设备谈判“专家化”

山东能源设备配件采购部通过实施供应商年度框架招标入围和建立战略合作关系,进一步锁定国内优质供应厂商,组建不同专业的设备专家谈判团队,借助山东能源近年来的设备配件采购基础数据库资源,实施三轮竞争性谈判,并在“供应商入围＋三轮竞争性报价”谈判基础上,由分管领导再次与拟成交供应进行价格、配件寄存、维保服务商谈。

为进一步提升谈判质量、降低采购成本,按照“区域设备采购相对统一和专业人评专业标”的要求,山东能源设备配件采购部负责维护山东能源近三年的设备采购价格基础数据库,对设备谈判专家库进行年度考核、动态管理,组织实施设备专家谈判采购。入围设备谈判团队一般由3～7名专家组成,谈判涉及多家二级单位或预算额超过亿元的项目,专家数量可增加到9人;谈判专家人选,由山东能源设备管理中心(或技术业务部门)和公司设备配件采购部各推荐1名,使用单位代表1人,其他专家分别在采煤、掘进、机电、运输、通防、地测、洗选、发供电、化工、信息等10个专业谈判专家库中抽取,确保谈判专家业务对口,谈判过程严密、结果公正。

3. 配件采购"捆绑化"

山东能源按照主机厂家直供和配套制造厂家直采的模式,实施设备配件捆绑化采购。对于总部集采设备,设备配件采购部在招标或谈判过程中,按照不高于1∶1.25的原则,一次性锁定主机与配件零整比价格;针对所有配件零整比价格目录,再次梳理、谈判并锁定其易损件和关键件的价格上限。与主机厂家按区域设备分布建立长期备品配件寄存寄售关系,确保配件及时供应;对共享谈判配件,由区域分公司按照责任分工或共享谈判工作专班流程,在完成供应商框架协议入围并首轮锁定主机与配件零整比的基础上,再次谈判锁定易损件和关键件价格,实施内部供应商的资源和配件价格的共享采购,切实将原区域采购归集为一个整体共享采购,确保区域内矿井的设备、配件以及运维服务相对统一。

(四)实施效果

山东能源设备配件采购部门多次组织区域公司召开"关键件、易损件"价格谈判专题会议,细化分解谈判任务,明确各区域公司谈判配件品种,最终完成两个批次共3 024种"关键件、易损件"谈判,最终厂家报价比基准价格平均下浮7.94%。2022年先后对70余个项目进行精准谈判,累计再节资近5 000万元,有效规避"主机低价打市场,配件高价保利润"、公开招标易造成的不同厂家"不对等"竞争和一次报价定"乾坤"以及供应商串标、围标等问题。2022年1~12月份,主要设备配件采购价较历史最低价平均降幅达17.8%,最大限度地挖掘设备配件综合采购效能。

三、"多元结合"材料采购

（一）实施背景

对于材料类大宗物资的集中采购，主要涉及通用材料及杂品，鉴于山东能源材料类物资的采购现状，钢材采购金额占比较大，遂以钢材为例进行典型做法分析。钢材采购价格受钢材市场供需关系的影响较大，为最大限度实现钢材采购的降本增效，山东能源充分利用市场机制丰富钢材采购方法，以满足生产需求。

（二）实施目的

充分利用市场机制，最大限度地实现材料类大宗物资集采降本增效。

（三）具体做法

1."批量采购＋零星采购"结合

山东能源实施钢材批量采购一手为主、零星采购市场为辅的创新采购管理策略。（1）对钢厂生产订单储备情况以及钢材价格走势进行定期摸底，为大宗钢材物资采购做好精准时间节点研判，争取一段周期内低位采购。（2）对集团内使用单位每月使用需求情况及钢号规格数量进行摸底，提出合理指导采购时间，价格上行期适当对常用规格备库，以节约采购成本。

2."滞后采购＋即时采购"结合

山东能源精准预判钢材市场行情。市场下行期，在确保不耽误生产交付使用的原则下，可适当滞后采购；市场上行阶段，适时缩短采购流程，争取早日完成采购。

3."线上采购＋线下采购"结合

山东能源针对量少（35 吨及以下）、规格杂的部分采购需求，采用线上平台进行比价谈判，既保证了采购实效性，又可避免钢厂因周期长交付晚，延误使用。

（四）实施效果

2022 年 1～12 月，山东能源材料类物资实现销售收入 16.25 亿元、利润 2 397 万元、采购创效 4.2 亿元，累计完成材料采购额 24.21 亿元，同比节资额 4.2 亿元，同比采购成本下降 17.35％。

四、"全生命周期管理"化建采购

（一）实施背景

山东能源化建类物资以矿用输送带为例进行典型经验分析。由于输送带长期、高负荷地处于复杂环境运转过程中，加上生产过程中一些不可防备的因素，极易造成长时间停产和重大经济损失，当前煤炭企业的物资采购管理仍处于 3.0 自动化阶段，矿用输送带的检测手段存在时效性差、可靠性低等无法避免的缺陷。山东能源建立统一的化建、材料类物资全生命周期管理平台，不仅有利于"互联网＋大物供""世界一流物供管理体系"理念成功落地实践，而且将融合物联网、大数据、人工智能等先进技术应用于集采管理，加快煤炭企业数字化转型，满足"两化融合"精益物资管理需求。

（二）实施目的

推动山东能源物资采购由 3.0 自动化向 4.0 智能化迈进，实现化建类物资价值的最大化，助力集团高质量发展。

（三）具体做法

山东能源输送带全生命周期智能管理（PLM）的重点是使用管理，主要包括输送带从需求、规划、设计、生产、经销、运行、使用、维修保养直至回收再用处置的全生命周期过程。输送带的需求和规划由使用煤矿提出，通过招标由生产厂家按标书要求组织设计、生产，在对设计进行确认后，通过对生产过程的监造或抽查、抽检予以管理和控制，由生产厂家直接交付，而使用和维修保养则由生产厂家和煤矿共同组织，回收再用处置则由煤矿实施。

1. 搭建 EPC(RFID)＋传感器＋计算机＋云平台＋APP 的智能一体化控制平台(图 6-5)

通过该平台,对投运生产中影响胶带运输安全的缺陷进行检测。实现对输送带运行状况的监控、调试、诊断、控制、数据分析,提前预测输送带及相关设备故障,通过数据的积累和分析对输送带使用性能进行改进,预设输送带过煤量与使用年限,实现产品全生命周期智能管理(PLM)。

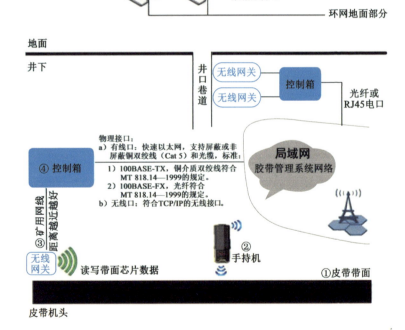

图 6-5　山东能源输送带全生命周期智能一体化控制平台

2. 过程管理

（1）查询统计。根据实时上报的 RFID 标签及标签基础档案数据，自动分析出当前整带的运行情况，由系统自动生成整带运行圈数信息，同时记录下当前整带的业务数据。系统根据实时的运行圈数，每日凌晨自动生成胶带运行日报，每月自动生成胶带运行月报。

（2）档案管理。胶带档案信息是系统自动运行统计时的核心依赖信息，包含了胶带型号、规格、长度、产线、批次等信息。根据当前整带的运行情况，系统自动统计每一根胶带的使用时长和过煤量情况，自动分析胶带的使用状态和寿命状态。标签档案是由系统自动生成、自动调整，系统根据实时上报的 RFID 标签顺序自动分析当前胶带信息，以及胶带的前后顺序，最终得出当前整带的完整信息。系统根据当前整带的信息，自动更新胶带档案中的使用状态，自动维护胶带的使用情况。

（3）业务管理。胶带寿命功能主要是分析胶带的生命周期，通过有效的经验数据，可得出胶带的设计寿命和设计过煤量，在系统运作机制下，可得出每一根胶带的寿命状态，提醒作业人员对已经老化的胶带加大巡检力度；胶带更换功能是查看胶带上线和下线情况登记，业务数据在运行过程中自动生成。在运行过程中，通过对整带运行圈数前后数据的比对，自动发现胶带上线和下线情况，系统及时调整相关胶带运行时长及过煤量等关键参数的登记操作。

（四）实施效果

利用 PLM 平台，优化了内部商城直采节约成本、物流运输降本额、电招及询比价节资率、废旧物资处置溢价金额等经济指标，从而使生产物资集采成本降低 10％以上，提效 50％以上。

五、"点单商城"电商采购

（一）实施背景

山东能源以实施物供管理数字化转型为契机，全力推进"山能物供"电商点单平台应用，积极引进国内外知名电商企业竞争报价，集成计划需求和采购、配送环节，全面实现标准化、系列化物资的电商点单采购。2022年11月，山东能源下发《电商点单采购实施办法》，进一步规范电商点单采购业务活动，提高采购效率和效益。

山能物资电商采购部是点单采购的归口管理和运营部室，对总部及区域分公司的电商点单采购业务实施统一管理和监督；纵横易购公司是公司电商点单平台的建设、运维责任单位。

（二）实施目的

电商点单采购遵循"规范化、品牌化、高效化、数智化"原则，推进"制度化、标准化、智慧化、透明化"精益物供管理，创新采购模式，实施一站式、管家式服务，为山东能源各权属单位生产经营提供高效快捷的供应保障。

（三）具体做法

电子商城点单采购模式重点关注点单采购清单及价格制定、供应商分类及电商点单规则、标准化开展经营业务3个方面。

1. 点单采购清单及价格制定

山能物资电商采购部分期分批制定电商采购清单，截至2022年底，对劳保、福利、办公、标准件等通用性、标准化高的物资，牵头进行价格谈判，实现全部上线点单采购；对共享谈判、公司集采定价等物资，按照谈判进程，成熟一个品种上线一个品种；对主要设备易损件、关键件等物资，设备配件采购部与生产厂家确定价格后及时上线。

根据共享谈判物资分类实施情况，所有技术要求统一、能够形成标准定价的物资,全部纳入电商平台点单采购。对受大宗基础原材料价格波动影响较大的材料类物资,根据价格数学模型,当主要原材料价格波动超过 5% 时,进行价格商谈调整;对标准化设备及配件,原则上每年进行一次价格谈判调整;价格调整后,及时修订上线物资价格。

2. 供应商分类及电商点单规则

(1) 对劳保用品、福利用品、办公用品、标准件等通用化、标准化物资,引进头部企业,原则上供应商数量不得超过 3 家,并按规模、性价比、品牌等指标进行排名,排名第一的供应商年度点单数量不低于 50%。

(2) 对共享谈判设备配件等专属性较强的物资,按照"厂家直供、配件溯源采购"原则,优先从设备生产厂家和配件源头厂家采购;在生产厂家或源头厂家不能满足要求的情况下,方可采购已经上架的非生产厂家和非源头厂家的配件。

(3) 对共享谈判材料、通用性配件等质量和价格差距较大、专属性不强的物资,按照"谁谈判、谁负责"的原则,由工作专班、相关业务部室等责任部门按照供应商企业规模、生产工艺、产品质量、价格水平、服务承诺、供货周期等进行综合评价排名,分 A、B、C 三类进行管理。其中,A 类供应商原则控制在 2~3 家,B 类供应商原则控制在 3~4 家,C 类供应商根据物料特点确定供应商数量,点单人员可根据矿井需要进行点单。

(4) 对二级集采未纳入共享谈判、未上架的其他物资,各区域分公司根据谈判或招标情况,向电商采购部(筹建)提出上架申请,实行结果共享。

(5) 上架物资同时有国内外品牌的,原则上国内、国外品牌要有所区别或采取不同物料编码。

(6) 经山东能源认定的内部协同单位,供应商数量可适当增加,在同质同价的情况下,由所在二级单位优先点单采购。

3. 标准化开展运营工作

山东能源电商点单基本流程包括电商点单物资上架、维护网络采购清单、计划提报、平衡利库、电商点单采购、物流配送、到货验收、出库领用、对账结算 9 项标准工作模块,明确各业务板块的工作内容、标准与决议流程。同时,定期开展运营分析工作,协助供应商做好服务、开展促销活动;定期举行质量听证会,做好售后服务与质量管理。在具体实施中以山东能源大数据平台为依托,建设集团经营管控一体化平台与物供管理专业化平台相融合的物资采购管控一体化协作系统,串联需求计划、招商寻源、合同管理、业务协同、财务共享等各业务系统,实现从需求到交付、结算、售后全流程的精准服务(见图 6-6)。电商点单系统对价格波动不频繁、标准化程度高的低值易耗品,使用单位线上选商品、下订单、签合同"一键式"操作,减少招标询比价业务环节,在确保采购效益的前提下,提高采购效率。

4. 开展系统研发与第三方平台集成

依托山东能源经营管控一体化平台与物供专业化管理"八大平台",建设统一的电商点单商城,集成 SRM 系统、电子招投标系统、询比价系统、合同管理系统、财务共享系统及 ERP 系统,实现低值易耗品的采购需求计划自动分配至电商点单系统,一键点单后自动签订合同并生成采购订单。商城功能架构设计包括账户体系、交易系统、管理系统三大模块:账户体系主要提供平台各类用户的身份识别管理、权限控制管理,通过"双认证"机制与移动CA 管理,增强用户的身份机制与效力;交易系统通过对已确定的招商定价结果进行自动上架,为每位供应商自动创建专属商铺界面并将商品名称、规格参数、价格库存、配送时效等相关信息补充上架;管理系统对使用单位点选过程中的数量、价格进行实时监督,实现点选过程的全流程管控,降低业务风险。同时,面对第三方成熟电商平台供应商,通过 API 接口方式,完成双方物料编码

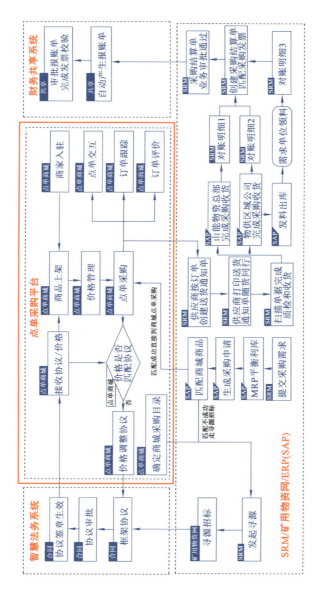

图6-6　山东能源电商点单系统业务流程示意图

对照关联,同步双方订单及履约信息,进一步提高供应链协调效率。

5. 制定配套管理制度

山东能源制定"电商点单采购实施办法",明确电商点单的运行机制与管理考评,细化物资上架管理及审批流程、供应商分类及电商点单规则、采购价格动态调整方式、点单物资下架规则、评价与奖惩等内容。通过文件方式规范业务流程,防范业务风险,提高业务操作的合规性、准确性,有效防范风险,减少管理漏洞,提升风险控制水平。

(四)实施效果

电商点单采购模式的实施,探索了公司总部选供应商、谈价格,各区域公司(使用单位)直接电商点单采购,同时在福利、劳保、办公、洗化、标准件等产品采购中引入了优质电商企业,该模式既提高了采购效率,又降低了采购价格,实现了公开透明。一是"所见即所得",减少流程环节,提高工作效率;二是实施集中谈判,提高规模效益;三是杜绝微腐败问题,通过科技防腐,实现公开透明;四是解决各单位之间信息不对称的问题。截至 2022 年底,已上架 22 大类、99 小类、13 504 条通用性强、标准化高、消耗量大的物资品种,累计点单采购 4.5 亿元,上线产品采购价格降低 20%,平均节资率 17%,采购创效 8 000 万元,订单履约率100%,及时交付率达 95%。采购专业人员减少 20%,人均采购创效达 1 300 万元。

六、"精准化"需求预测

(一)实施背景

党的二十大报告提出"加快发展数字经济,促进数字经济和实体经济深度融合"。发展数字经济是把握新一轮科技革命和产业变革新机遇的战略选择。需求预测对不同行业的企业起着重要作用,尤其是在降低运营活动风险方面。由于需求分析的复杂性,少量、短期的数据不足以产生合理的数据支撑逻辑。只有了解使用单位的需求,需求计划才能更有效地实施,并能更恰当地响应生产需求。精准需求预测可以减少库存积压浪费、优化库存资源分配以及实现利润的大幅增长。

山东能源坚持以精益物供管理建设为统领,强化系统设计、分层分类实施,聚焦"库存精准、调拨及时",推动供应商端仓库落实落地。紧扣全方位推动储备体系建设、促进物资公司高质量发展的目标任务,科学研判形势,创新性、多样性谋划举措,为匹配世界五百强企业物供管理体系各项工作奠定储备基础。

(二)实施目的

降低需求计划经验性、投机性的人为因素,提高计划整体管理水平;进一步加强物供链条前端的计划需求精益管理、强化过程管控,提升物供管理科学化、规范化、精益化水平,加速推进公司数字化转型与高质量发展。

(三)具体做法

山东能源整合供应链三端(物资公司、使用单位、供应商)库存及计划运行数据,累计计算使用方现有库存、前期未到货计划、月均提报量、领用量、平均到货期信息,整合信息后建立固定的需求预测计算公式,计划提报建议书自动推送至计划需求申请人员。

1. 物资信息整合,计划库存资源重构共享

获取物资公司内 ERP 系统运行的全部业务数据,由采购申请至采购到货的全部系统物资数据依托仓储调度管理平台进行全量抓取;通过仓储调度管理平台向供应两端延伸,实现使用单位自有库存、供应商代储库存及采购执行中未到货计划的信息共享。

2. 搭建完成"物资生命周期"测算模型

累计计算物资公司上线以来全部物资的计划提报、领用频率和数量信息,通过计划提报时间与送货单入库时间的确定,计算平均到货周期,后续引入厂家专业意见,厂家通过平台供应商端应用,针对其供应物资提供建议储备量、理论生命周期、加工周期等信息。以上需计算的数据每日核算更新,随着业务运行周期的延长,物资生命周期数据的准确性和稳定性也随之提高。

3. 推送物资生命周期、自有库存、执行计划的未到货信息至使用单位

系统预算辅助功能从采购申请全量显示、辅助计划平衡库存、计划批量跟踪的方式协助矿方进行计划管理。系统导入原始需求计划,自动平衡矿方自有库存数量,给予计划提报建议,批量上传导入,可直接应用到区队材料员,极大减少矿方的超额计划、超额储备情况。解决逐条查询问题,辅助矿方计划和预算管理。通过数字仓储库存数据、采购未到货信息整合,配合物资计划提报、领用数量频率及到货周期数据,为矿方计划提供建议信息,提高其计划的整合性和准确性。

4. 自动生产需求计划建议书

使用单位推广的第二阶段,使用提报计划前,将所需计划导入系统,系统匹配矿方现有库存、前期未到货计划、月均提报量、领用量、平均到货期信息,生成计划提报建议书,降低计划人员专业水平、数据信息不全等因素对计划提报的影响,提高整体管理水平。

5. 典型应用案例

(1)矿方材料员提报计划应该在事前平衡自有库存。改库存是指通过仓储调度管理平台整合的矿方自有库存,计划提报对应物资编码匹配相应库存,以此为区域材料员提供此次计划提报数量的判断依据。同时,具备批量导入、导出功能,对于一个区队月

度计划所需材料计划可一次录入、全量导出,在提高需求计划预测准确性的同时也极大提高了其工作效率。

(2)使用单位重要物资生命周期临界预警及需求计划预测。使用单位上报重要物资的关键信息,包括区域公司、上报部门、上报类型、使用单位、物料编码、物料描述、数量、每根长度、使用地点、用途、备用绳到货时间、上次换绳时间、理论使用年限、预计换绳时间、矿方备货数量等信息,以这些信息为基础,自动核算下次提报计划时间,并提供预警功能,同时跟进已提报计划执行进度,由此为此类重要物资需求计划的管理人员提供需求计划预测依据,减少重复存储的同时也能保证生产安全需要。

(3)以使用单位的工程、项目为基础单元,对相应计划执行全流程跟进分析。根据生产单位提供录入的所在区域、上报类型、生产单位、工程名称、工程性质、开始结束时间、原料计划上报情况、联络人等信息,提供原料计划的批量导入功能,此批计划的整体执行进度。对于无法满足工程施工需求的计划进行重点关注和跟进,为相关计划超前预测提报时间及数量提供数据支撑,确保需求计划的时效性,保证工程、项目的良性接续和循环。

(四)实施效果

1. 降低人为因素影响,切实提高计划需求准确性

充分发挥数据的基础资源作用和创新引擎作用,全面建立数据管理机制,用数据创新服务,用数据创新管理。牢牢把握影响矿井生产的重点工程、重要物资等关键事项,将物资保供工作与矿井生产实际融为一体,实现"采、供、需"三方有效沟通。

2. 规范业务流程,防范业务风险

通过平台物供大数据分析,在计划执行、订单制作、订单备货、合同履约等关键环节设置业务预警点,预设相关措施,主动发起任务督办,降低业务风险。

3. 提升业务人员素质,促进"业务执行"到"物供管理"的转型

各区域公司仓储调度中心要精准把握"储备"保供这个牛鼻子,通过大数据分析研判提升生产矿井需求计划的准确性、合理性,利用平台储备预警、主动储备相结合的方式实现全品类库存透明化管理,确保各级仓储部门物资储备充足、库存结构合理,矿井重点工程、重要物资的需求随时可保证,实现高效保供。

七、"动态精益"供应商管理

(一)实施背景

供应商管理是物供管理的重要组成部分,山东能源在物供体制改革的进程中,基于大物供理念,不断优化供应商管理,将原来"三管"模式中的供应商静态管理向全生命周期视角下的动态精益管理转变,遵循"合理规范、集中高效、厂家直供、渠道整合、分类管理、产品准入、风险控制"的原则,分阶段实施准入、采购、评价和动态调整等重要节点管理。

(二)实施目的

规范供应商管理,优化供应商资源,提高采购质量,降低采购成本,建成科学、规范、高效的供应商管理体系,高质量地做好山东能源物资采购及供应工作。

(三)具体做法

山东能源供应商管理的内容主要包括差异化供应商准入、供应商年度框架协议招标入围、供应商评价和动态调整合作关系四个流程。

1. 差异化供应商准入

山能物资公司对集采物资,通过战略合作、招标审查、供应商招标入围等方式,把国内行业领先生产厂家纳入采购范围,杜绝非生产厂家供应商采购;对非集采物资,通过供应商招标入围、物供区域公司共享等方式,减少供应商数量,提高采购话语权。山

东能源对供应商准入实施集中管理,将供应商新增审批纳入公司总部管理,打通不同采购主体间供应商交互通道,实现供应商资源共享。

为优化供应商结构、规范供应商的日常管理,将产品类供应商按照产品使用性质分为 A、B、C 三类。

2. 大力推行供应商年度框架协议招标入围

山能物资按照供应商资源和采购价格内部共享的原则,对所有供应商年度框架协议招标入围项目,由总部统筹规划、统一部署、统一分工。对于一级集采物资和规模性、通用性较强的二级集采物资品种,由业务部门和区域公司提出供应商框架协议招标入围计划清单,并由相关业务部门提出供应商框架协议招标入围方案,经总经理办公会批准后组织实施,并将入围结果报公司批准;对地域性较强的二级集采物资品种,由区域公司提出供应商框架协议招标入围方案,报公司运营管理部,经业务部门审批、分管领导批准后区域公司组织实施,并将结果报总部运营管理部备案。供应商入围后,实施三轮报价机制,为避免乱报价,首轮报价淘汰,第二轮、第三轮报价后,进行综合评估打分,选择性价比最高的厂家成交。

3. 深入做好供应商评价

山东能源制定"供应商综合评价管理办法",建立了供应商评价信息系统,每年公司组织对上一年合作供应商企业的基本情况、合作情况、产品价格、到货情况、产品质量、售后服务、应急事件处理能力等 7 个方面进行综合评价,根据山东能源企业信用异常名录和公司供应商管理有关规定,对失信供应商进行排查、对禁止交易类停止全部业务;对限制交易类确定的限制事项,由公司报山东能源法务部门同意后,方可进行交易;对谨慎交易类由业务部门或物供区域公司提交报告,经总经理办公会批准后方可进行交易。对列入山东能源企业信用异常名录的单位,前置嵌入招标及采购环节,做到防控法律风险。

4. 分阶段动态调整合作关系

山东能源遵循"合理规范、集中高效、厂家直供、渠道整合、分类管理、产品准入、风险控制"的原则,分阶段做好供应商管理优化。将供应商的合作分为买卖关系、定向采购、战略合作三个阶段。买卖关系,指谁的产品性价比高就买谁的;定向采购,是对长期合作、信誉良好、用量大的企业,签订定向采购协议,在价格、配件供应、售后服务等方面享受最优政策;战略合作,是与国内外知名生产企业签订战略合作协议,享受入围和谈判的特殊权利。针对重要物资,山东能源按照"国内行业头部制造企业或山东能源连续两年采购量最大"的原则,推进战略合作采购,扩大战略合作厂家易损件和关键件以及重点材料物资的寄存寄售,保障矿井安全高效生产。战略合作供应商的选择有三条原则:一是国内同一产品生产的头部企业,二是近两年内山东能源供货量最大的企业,三是国内外知名品牌企业。战略合作供应商享有"年度框架协议招标优先入围和三轮报价首轮最高报价不被淘汰"两个权利。山东能源享有其同机型主机、配件的国内最低价和配件寄存寄售、运维服务等最优惠待遇。重要物资确定 1～2 家战略合作供应商,山东能源战略合作总供应商控制在 100 家以内。在充分竞争的情况下,确保国内优质生产企业成为山东能源稳定的供应商。

(四)实施效果

2022 年,山东能源按照"国内行业头部企业或山东能源连续两年采购量最大"的原则,先后与 50 余家国内头部企业签订战略协议,既提升了大宗物资采购性价比和厂家服务水平,又强力推进了主要设备型号的统一。

八、"智慧透明"仓储调度

（一）实施背景

山东能源重组后，下属山能物资的 7 家物供区域公司分布在全国 4 个省、十几个地级单位，区域广、战线长，亟须建立统一的调度指挥实现信息共享，积极拓展储备资源以应对需求的不确定性。山东能源在数字经济引领下，打造智能化仓储体系，在仓储管理中采用"统一储备、统一调度、统一质检、统一配送、统一标准"五统一有机结合的管控模式，引入智慧物流管理软件和硬件，贯通仓储调度全业务流程，优化仓储管理、仓储流程、物资调配、调度指挥管理等制度。在此基础上，强化大数据分析研判、数据预警、寄存寄售、云仓联储等功能模式，构建"库房、库位、库存状态、数据统计分析"为主要内容的可视化、数字化、透明化的智慧仓储管理体系。

（二）实施目的

通过搭建统一平台，实现山东能源物供调度指令上传下达的顺畅，保证生产作业的稳定性，提升仓储调度管理的一体化、数智化、精益化管理水平。

（三）具体做法

山东能源以"平台化运作、数字化管控"为抓手构建了国内煤炭行业首个集数智化、透明化为一体的仓储管理调度平台，依托该平台和标准化仓库建设，强化大数据分析研判、数据预警、寄存寄售、云仓联储等功能模式，构建"库房、库位、库存状态、数据统计分析"为主要内容的可视化、数字化透明仓储管理体系。坚持以清单式储备、计划管控体系为主线，不断健全积压、超期、储备限额、在途超时等自动预警机制，强化收货入库、库内管理、提货出库、仓库监控网络化、供应商云仓信息等模块互联，在物供业务"计划、采购、履约、仓储、配送、领用"等环节设置监督节点，着力打造仓储管理"智能化"、物资库存"透明化"的仓储调度管理体系,重点建设智慧调度和云仓联储两大业务内容。

1. 实施智慧调度管理

(1)日报管理。为实现调度信息的"上传下达",及时掌握区域公司、驻矿分部日常工作中遇到的特殊情况,山能物资仓储调度管理中心建立日汇报管理,日汇报建立了驻矿分部报区域公司、区域公司报总部的逐级上报管理体系,驻矿分部按照"采掘机运通"专业将每日工作中遇到的问题进行上报,需要区域公司协调处理的上报后选择区域公司协助处理,并将分部员工每日工作工效一并上报;区域公司将重点工作及驻矿分部上报的需公司本部协调解决的问题报总部。公司总部、区域公司两级调度对需协调解决的问题进行调度跟踪督办。

(2)中心库集中配送管理。仓储调度管理中心将区域公司中心库物资集中配送至使用单位作为"集中配送"的管控重点,对中心库物资执行上下站管理,物资到中心库后按照订单对应的使用单位直接开具调拨单,减少了物资二次上货架的重复劳动。物资到货后中心库调拨员将待配送物资(开具调拨单)通过配送管理自行生成配送计划,提醒中心库人员及时处理已编制配送计划未配送的物资和未编制配送计划的待配送物资,打通了物资配送的最后一公里,实现了集中配送管理。

(3)调度跟踪管理。为提高问题处置效率、提高调度工作质量,仓储调度管理中心建立调度跟踪制度;调度跟踪督办将两级调度管理部门重点工作、下级单位需要协调解决的问题在此模块发起调度跟踪督办,督办相关责任部门按期处理问题,保证问题得到及时跟踪处理、闭环管理。

2. 推行云仓联储

山东能源以仓储调度管理平台为基础,通过云仓联储仓库接口,协议采用 http 协议 post 方式,数据采用 json 数据格式将平台管理的库存信息由企业内部拓展到国内外知名战略合作供应商，充分利用战略合作供应商规模大、运营能力强、订单响应速度快、履行能力强等优势。

（1）组织编写技术架构。对山东能源供应商列表名单中的供应商申请接口调用权限，平台将为每个厂商分配一个唯一的身份标识与安全的、私有的密钥，在对接请求时，干将平台使用密钥加密的密文进行厂商身份和请求安全的核验，保障每次请求的合法与安全。

（2）签约战略供应商。战略合作供应商签约后，通过与干将仓储系统研发的接口将其仓库基础信息同步至山东能源云仓库，与山东能源共享双方仓储物资库存信息，满足双方管理需要。

（四）实施效果

截至 2022 年 12 月，山东能源代储供应商增至 197 家，代储金额增至 5 637 万元；较 2022 年初厂家数量增幅 207%，金额增幅 168%；自储库存占用由 2022 年二季度末的 1.67 亿元降至 4 258 万元，降幅达 75%。制定了仓储现场可视化标准和 58 项业务管理标准，实现业务透明化管理。

九、"生态型"废旧物资循环利用

（一）实施背景

党的十八大以来，以习近平同志为核心的党中央对发展循环经济作出一系列重要指示和要求。据不完全统计，习近平总书记先后五十多次谈及循环经济，对循环经济与经济社会发展的关系，循环发展对生态文明建设的作用，循环经济在国家重大战略、实现碳达峰碳中和、推动国际合作等领域如何发挥作用等进行了深刻阐述，并提出了明确要求和工作部署。

以此为契机，山东能源集团积极响应号召，组建废旧物资处置管理团队，搭建集团废旧物资公开处置平台，推进集团物资管理精益化、数字化转型,实现物资从买到卖的全生命周期管理。结合再生资源行业特点,平台建立了完全面向第三方的"互联网+"废旧资产共享生态体系,打造了"流程规范、风险可控、处置高效"的管理模式,将精益成本管控与合规风控管理结合,制定13项业务细则及6项工作标准,上架废旧物资即上即卖。截至2022年底,平台已累计竞拍破万场,处置近30亿元废旧物资,创效金额约7亿元,涵盖钢材、电缆、橡胶、油脂、危险废物等各类废旧物资,已成为华东地区实际成交量最大、交易最活跃、种类最齐全的废旧物资处置平台。

（二）实施目的

响应国家低碳循环经济发展需求,贯彻绿色、共享、创新发展理念,实现物料的循环利用,带动产业链协同发展,为山东能源加快绿色低碳转型和高质量发展蓄势赋能。

（三）具体做法

1. 顶层设计废旧物质处置制度

2020年12月份,山东能源下发文件,要求集团所有的废旧物资处置业务全部在山能物资开发的废旧物资处置平台进行处置,严禁擅自线下处置,物供区域公司负责做好监督。

2. 构建"互联网+"废旧资产生态体系

依托山东能源内部资源,以废旧物资处置、产权处置（拍卖）为业务载体,完善处置平台生态及运营模式,以产业集群地为外部目标市场,共享山东能源废旧处置生态圈;以业务需求为导向为客户提供包括金融服务、物流服务、定价服务、其他服务在内的增值服务,构建"互联网+"废旧资产生态体系（见图6-7）,为废旧物资处置提供了基础保障。

"互联网+"废旧资产生态体系的内核是借助互联网开放、包容、共赢的理念与形式,将产业链多方参与者"聚、融",合作方共赢,打造共同体,为再生资源回收利用行业培育良性发展的生态。

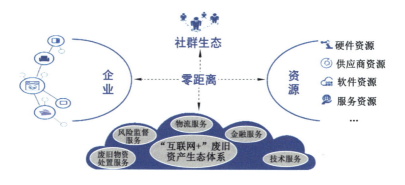

图6-7 "互联网＋"废旧物资(资产)生态体系

在互联网构建起的三维立体虚拟世界中,构建"去中心化"的商业模式,以行业产供销、人财物各要素为落脚点,为产业链中各要素提供综合管理平台,缩短各要素间距离,降低交易成本,降低沟通成本。通过资质审核、方案设计(场次管理)、交易管理、执行监督四个主要环节的闭环运营,实现"流程规范、风险可控、处置高效"的业务模式,真正做到废旧物资处置的公平、公正、公开。

通过生态平台的良好运营,产业链主要用户、核心业务场景线上化,在培育产业发展良性"土壤"的基础之上,开启细分市场的产业整合之路。以废钢、废橡胶、废油等再生市场为细分市场,以产业链各类用户的业务痛点为切入点,充分利用金融优势、技术优势、产业政策、完备的生态场景等资源优势,为各方用户提供配套服务,成为产业链核心企业,构建共同价值链,优化产业模式。

3. 搭建废旧物资处置线上平台

山能物资借助于将 APP 移动终端的实时、便捷、高效等优势,将处置业务碎片化,搭建统一的废旧物资公开拍卖移动平台,设计了账户体系、交易系统、管理系统三大模块;为用户提供买卖服务、处置监督、技术咨询、业务指导、运输服务、订单融资等服务，以及提供电子合同、签章、监管服务，物流、金融、资产管理等增值服务，为山东能源物资处置业务提供强大支撑。

平台实现全流程线上操作，通过资质管理、方案设计、交易管理、执行监督四个核心模块的系统闭环，为生态用户（买卖者、监管者、技术人员、协会用户、物流用户、金融用户6类）提供移动端拍卖、货物转移监督、技术咨询、业务指导、货物运输、订单融资等服务。

（1）移动端拍卖与竞价。通过手机APP全流程操作，发布处置信息，买家移动端竞价。

（2）防秒杀机制。在场次结束前1分钟内，任意竞买人出价后，场次结束时间自动延续3分钟。

（3）大数据估值模式。建立内、外部处置价格数据库，建立分析模型，以价格、区域、品质等维度评估货物残值。

（4）业务监督模式。建立内、外部监督体系，内部监督有对发票信息的核验，监督是否超量处置，自动复核备案文件（转运单），监督危险废弃物是否合规处置；外部监督建立群众监督。

（5）物流、金融增值服务。买家可自动将订单发布到物流聚合平台，寻找承运人；订单融资解决买家资金紧张问题。

通过资质审核、方案设计、交易管理、执行监督四个主要环节的闭环运营，实现废旧物资处置业务的全流程管控。具体包括商圈认证、资质审核、保证金账户信息、开票信息、申请竞价、保证金缴纳、在线竞价、确认交易、到货确认、申请退款等10个环节。

纵横易购公司负责做好干将处置平台的运维工作，参照废旧物资操作流程，确保会员单位（免费公开注册）在平台上进行竞价购买，实现全线上运作，并将废旧物资处置信息与山东产权交易中心、中拍平台等专业平台关联，信息同步发布，开放共享，吸引更多的购买参与者。

物供区域公司负责监督所服务区域内各单位所有废旧物资处置情况,各单位所有废旧物资全部通过平台进行处置,严禁擅自线下处置。供应分部协助使用单位做好废旧物资处置工作,确保平台操作规范。

4. 募集资源拓展市场

摸查山东能源各单位废旧物资存量与增量规模,建立处置档案;加大宣传力度,巡查废旧物资处置情况;加强业务监督,挖掘供应商资源,建立战略合作伙伴关系;加强第三方合作,引入买家资源,共享买家资源;加强与专业机构合作,提高专业服务水平;聚焦产业集群等,为实施废旧物资处置开拓了多方渠道、注入了新活力。

(四)实施效果

山东能源废旧资产生态体系充分发挥"互联网+"优势,不断完善平台功能服务,将废旧物资处置业务节点上所有用户聚集到一起,基于完备的生态场景,鼓励用户充分发挥个人与社交圈在供应链中的价值,催生用户自发的商务行为,重构价值链,培育良好产业生态,创新商业模式。上述做法为国内大型煤炭企业在新形势下构建"互联网+"废旧物资生态体系、创新商业模式并持续推进商业模式建设提供了有益探索。通过构建统一处置平台,规范废旧物资处理业务流程,山东能源实现了各单位自由发布物资信息、共享物资数据,在线处置废旧物资,提高业务效率,发挥协同效应,盘活闲置资产,最大化实现国有资产保值增值。2022年,山东能源完成竞拍1 754场次,在线交易金额12.91亿元,比起拍价上浮22.83%,创效2.68亿元,累计新增3 200家废旧物资处置及再生资源行业用户。

十、"数字融"供应链金融

(一)实施背景

《关于促进中小企业健康发展的指导意见》《"十四五"促进中

小企业发展规划》明确指出,融资难、融资贵是长期制约中小企业发展的难点痛点问题。2021年以来山东能源开展物供体制改革,力图"全线上运作、全过程公开、全流程透明",实现物供的标准化管理和全生命周期管理,进而实现物供管理的公开公正、集采集约、降本增效创效。山能物资上游供应商分布全国、单笔订单金额较大,供应商在生产、备货前需要大量资金投入,供应商受应收款账期影响存在一定的资金周转问题,联系协调具备可操作方案的金融机构实现对中小供应商在前置订单环节融资,可以有力保障相应供应商物资供应的及时性、稳定性、可靠性,确保实现优质安全保供的目标。

（二）实施目的

通过金融机构等合适的途径给予供应商早期资金支持,保障相应供应商物资供应的及时性、稳定性、可靠性,确保实现优质安全保供的目标。

（三）具体做法

山东能源已实施"数字融"模式。数字融资是指购销双方签署订单合同后,银行应订单接受方的申请,依据其真实有效的订单合同,以订单项下的预期销货款作为主要还款来源,向订单接收方提供用于满足订单项下原材料采购、组织生产、施工和货物运输等资金需求而提供的短期融资,解决企业接到订单后在非信用证结算方式项下的生产备货资金需求,使客户有充裕的时间完成备货。数字融资主要适用于自有资金缺乏、拥有订单却无法顺利完成订单生产任务的企业,订单类型最佳为科技企业、区域优质行业客户,如在备货、生产、装运阶段有融资需求的中小型企业。

山能物资订单池融资是指中信银行基于山能物资与供应商真实的贸易背景,与纵横易购平台进行系统对接,通过纵横易购平台将山能物资与供应商的订单数据推送至中信银行,中信银行可根据不同阶段订单状态计算出供应商的可融资金额。中信银行以供应商与山能物资签署的订单项下货款或服务款为主要还款来源,在对经山能物资确认的订单项下应收账款(含未来应收账款)进行有效质押后,向供应商提供的用于生产经营资金周转的线上化数字融资业务。

1. 基本主体及供应商准入条件

借款主体是山能物资长期合作的设备类、配件类、材料类等上游供应商,贷款记录及不良记录均载入供应商征信记录。融资授信过程同时占山能物资"融资间接授信"及供应商"数字融资直接授信(综合授信)",不影响核心企业山能物资的授信。对供应商的基本准入条件:

(1)属于山能物资供应商范围,有长期稳定的合作关系,订单稳定、过往商业记录良好、回款正常、退货率和坏账率较低,与山能物资的合作时间在1年以上。

(2)通过山能物资战略合作、招标审查、供应商招标入围等方式进行准入。

(3)供应商成立2年以上,或实际控制人有3年以上实际从业经验。

(4)实际控制人或自身多元化经营的供应商从严控制,原则上不得准入。

(5)公司制度健全、经营场所固定、管理规范、信誉信用和财务状况良好,在各类金融机构无不良记录,无存在重大风险隐患的民间借贷和对外担保等事项。

2. 订单应具备的条件

(1)山能物资与供应商之间应签订符合法律规定和行业惯例的订单或商务合同。

(2)经买卖双方共同确认的订单、商务合同等,不属于试产、试用合同,其合法性和有效性不存在法律瑕疵。对货物规格、品质条款、检验条款、支付方式、纠纷解决方式等条款原则上应有明确规定,如为双方格式订单,则必须明确规定货物的规格、数量及支付方式等条款。

(3)供应商合法拥有订单对应的应收账款并享有处分权,且不存在任何权利瑕疵,包括未向第三方质押或以担保、转让、赠予、信托等任何形式的权利负担。满足上述条件的订单及付款数据,经由纵横易购平台进行对接,向银行推送授信通过的供应商的订单及付款数据,具体是:每日终,纵横易购平台将授信通过的供应商 $T-1$ 日订单数据、$T-2$ 日付款数据推送给银行。

3. 融资额度确认

根据供应商在送货通知、入库验收、应收账款不同阶段发起的融资,融资比例按照以下规则确定:

① 送货通知阶段融资比例为订单金额的 60%;

② 入库验收阶段融资比例为订单金额的 80%;

③ 应收账款阶段融资比例为订单金额的 90%。

可融资金额确认计算:可融资金额=min(订单池折扣金额+回款保证金账户余额-订单池融资余额,供应商批复限额-订单池融资余额)。

在任一时点,若发生订单撤销、验收不合格、退货、变更、未及时回款等情况,导致不满足上述公式要求的,应及时要求供应商质押新订单、归还融资或补足保证金,以维持订单池的动态平衡。

4. 放款方式

为了既控制风险又最大限度满足供应商的资金需求,山能物资与银行资金方多次探讨设计了分阶段逐步释放金额的放款方式,确定接收订单、验货入库、开具发票等三个阶段的融资比例分别为 60%、80%、90%,供应商可选择在其中一个或多个阶段融资。

5. 还款方式

数字融资还款方式非常灵活：一是单笔贷款期限可达 1 年，特别的可放宽到 2 年，满足山能物资与供应商之间"3331"的付款约定，不影响供应商正常还贷款；二是可通过资金方银行承兑汇票贴现业务自动贴现，满足山能物资与供应商结算需要，主要是开具银行承兑汇票的付款约定，大幅降低银行承兑汇票还款的风险。

（四）实施效果

通过前期山能物资、纵横易购、中信银行之间积极沟通、充分了解，在"数字融"平台上线的第一时间即接到一家设备供应商的融资需求。按照平台设计的业务审核模式，中信银行根据山能物资的订单数据，向该供应商授信 2 000 万元，在严格履行审批流程后，该供应商自助线上成功融资 850 万元，有效缓解了设备配件加工、材料进口购买的资金压力，为顺利完成订单任务提供了有力保障。收到款项后，供应商融资经办人员表示该平台融资便利，没有传统融资方式下贷款审核的烦琐环节，尤其是快速地收到放款在意料之外。"数字融"是对传统融资的创新，给供应商、购买方、银行均带来好处。目前平台融资费率规定，由平台搭建方山能物资子公司纵横易购收取平台费用，收费标准为融资金额的 0.5％。按照每年物资订单 200 多亿元测算，如 20％的供应商选择数字融资，仅平台使用费可增收约 2 000 万元。

第三节　管理机制

管理机制是决定企业管理功效的核心问题，山东能源制定物供管理标准化体系，在合同模板、贷款结算、业务流程、招标管理、物资品种和物料编码等领域建立客观统一的规则，从而实现物供体系精益管理；构建"人在干、数在转、云在算、纪在线"的物资采购大数据云监督立体运行体系,提升纪检监督工作精准化、智慧化水平;利用多元化业财融合方式,实现资金创效最大化;基于"框架协议招标"构建价格数学模型,提升精益物供管理水平;建立创客联盟激励机制,激发员工的创新创效潜能,实现价值共创。

一、物供管理标准化

(一)实施背景

山东能源按照制度化、标准化要求,对招标、采购、仓储等物供管理各环节分门别类建立管控规范,以业务模板和业务清单持续强化物供精益管理,提升山东能源物供品牌的社会公信力和采购影响力。

(二)实施目的

服务于山东能源"一体化、数智化和精益化"物供管理内容,形成可复制的行业物供管理模板,提升山东能源物供品牌的影响力。

(三)具体做法

1. 合同模板标准化

山能物资制定了设备采购、材料采购、寄存寄售、框架协议、销售合同等五个合同模板,除直供钢材、国际品牌及特殊行业外,全部使用标准合同模板;因特殊情况需变更合同模板内容时,须经公司总经理批准;公司运营管理部要在总结分析和调研论证的基础上,及时修订完善合同模板。

2. 货款结算标准化

山能物资对设备类、材料类、配件类等物资,严格执行合同模板规定的结算模式和结算流程;对电商、战略协议等个性化结算条款,按照一事一议原则,由公司总经理办公会研究确定。

3. 业务流程标准化

按照山东能源《物资采购及供应管理办法(试行)》《招标投标

管理办法(试行)》和山能物资《供应商管理办法》《非招标采购管理办法(试行)》等制度规定,完成对计划报送、寻源采购、价格监管、合同签订、物资验收、仓储配送、货款结算等业务流程的梳理优化,确保节点简捷、流程规范、行为合规。

4．招标管理标准化

山能物资制定了招谈方案、评分细则、授标建议等模板,细化专家评委行为准则和管理办法,加强招标专家库管理,对因出勤率、年龄、身体健康等原因不宜继续担任专家的,及时予以调整,并对专家数量偏少专业及时予以补充,确保专家出勤率在70％以上,确保从制度上约束和规避乱打分、人情分和极端分等行为。

5．物资品种标准化

山能物资逐步推进物资标准化清单:

(1)依托电商采购平台,将标准化材料、配件以及办公用品等纳入点单采购范围,提高业务部门的采购效率。

(2)实现设备规格型号和配件备品的标准化配置,实现供应商资源和采购品种的优化。

(3)强化物资计划管理,规范采购寻源方式,创新和固化招采模式,最大限度地减少招采批次,实现规模采购降本。

6．物料编码标准化

山能物资建立编码专业化、集中化三级管理体系,强化编码新增、变更审核管理,压实编码基层管理责任,定期对 MDM 平台现有编码进行整合优化,提升物资编码通用性和标准化水平。

7．岗位职责标准化

山能物资根据现有的组织架构、管理体制、管理要求和风险管控要点,以"岗位标准"为基点,构建了"八位一体"的"山能物资总部、分公司、业务分部"三级岗位标准化体系(即"岗位职责、岗位风险识别、岗位工作规范、岗位工作流程、岗位考核、业务表单、法律法规及制度索引、相关术语及定义"等八个维度),实现与新组织架构、制度体系及业务流程的快速融合,完成公司的保供、创效目标。

（四）实施效果

山能物资将物供标准化体系建设作为精益物供管理的重要措施,2022年完成不同物资的招标、谈判文件标准化模板,采购合同、货款结算、业务流程、物料品种、物流编码等多项标准化模板,实现了物供业务的标准化运作。截至2022年12月,山东能源在采购成本大幅度下降的同时,实现了供应商信息共享、供应商寄存寄售物资大幅度增加、储备物资下降30％等精益物供管理目标。

二、物供大数据云监督

（一）实施背景

近年来,煤矿智能化作为我国煤炭工业高质量发展的核心技术支撑,已成为行业广泛共识,为此,需要深入实施科技强国战略,加快推进煤矿智能化建设,大力提升煤矿数字化管理水平,努力提升管理效率。进入高质量发展阶段,企业物资采购与供应链管理正在由追求价格最低减少花费,逐渐转向追求质量、服务以及供应的稳定性。强化物资管理的纪检监察工作,已然成为实现国有资本做强做优做大亟待破解的重要命题。

为贯彻党的二十大精神、推进新时代纪检监察工作高质量发展,山东能源打造"阳光国企、廉洁企业",对物资采购领域党风廉政建设和反腐败工作提出了更高的要求。山东能源规模大、产业多、权属单位多,企业分布在国内17个省市、海外9个国家（地区）,点多面广战线长,监督管理难度大,一体推进"三不腐"压力大。不仅如此,近年来,"阳光国企、廉洁企业"的建设也对国有企业纪检监察工作提出了更高的要求,监督执纪工作正从事后被动监督向事前主动监督转变,由局部监督向全面监督转变,由惩治

"极少数"向监督"大多数"转变。面对新的工作需要,靠传统的监督手段已较难满足监督全覆盖、无死角的要求,特别是在山东能源实施物供区域化、专业化改革后,全集团物资采购供应和招投标业务全部授权给山能物资,物供领域规模采购权力更为集中,亟须利用大数据技术为执纪监督赋能升级,打破时空界限和信息孤岛,紧盯权力点、风险点,对业务数据全程记录、追溯、预警,实现对权力运行的监督,为纪律监督插上科技翅膀,一体推动形成不能腐、不敢腐的长效机制。因此,山能物资作为山东能源的主力子公司,积极推进"大数据＋云监督"的大型煤炭物资公司纪检监察工作数字化建设,创建了物资集中采供、统一资源配置、服务规范高效的物供新模式。

（二）实施目的

充分发挥山东能源全线上物资采购业务大数据优势,提升纪检监督工作精准化、规范化、高效化、智慧化水平,实现采购全流程监督与异常问题预警,实现业务监督与纪检监察从有形覆盖向有效覆盖转变,全面构建"阳光国企、廉洁企业"的良好政治生态。

（三）具体做法

1. 厘清云监督平台的设计思路

山东能源以"11233"设计理念构建"人在干、数在转、云在算、纪在线"的物资采购大数据云监督立体运行体系(见图6-8),即:1条主线,基于物资采购电商平台大数据业务监督的再监督,推进新时代纪检监察工作高质量发展;1个原理,在山东能源物资采购电商平台数据池内"抓数、建模、过筛、预警","让数据自己说话",变过去的"大海捞针"为现在的"过筛留针";2个基本点,线上监督预警问询,保障物供运营提质提效、高质量发展,线下执纪问责震慑,营建物供专业风清气正、阳光采购生态;3个导向,利益权力在哪里数据就延伸到哪里,风险点在哪里监督预防就到哪里,问题在哪里跟踪纠错追责就到哪里;3个目标,精准化、智能化、高效化。

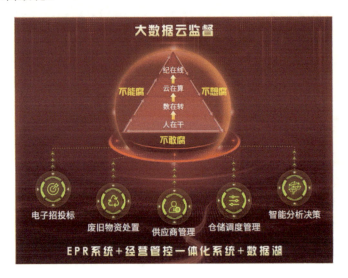

图6-8 大数据云监督平台设计开发思路图

以"11233"设计理念落地支撑形成"人在干、数在转、云在算、纪在线"的物资采购大数据云监督立体运行体系,既让纪检监察工作实现了时时处处在线,也为大型国有企业一体推进"不能腐、不敢腐、不想腐"探索了一条科技防腐的新路径。

2.打破信息孤岛,"融、通"业务数据

山能物资大数据监督云平台的核心在于数据,面对部门间数据分散、信息破碎、应用条块、服务割裂等问题,如何确保"及时、有效、真实、全面"地采集数据?山东能源高度重视大数据监督云平台建设,建立数据交汇管理制度和查缺补漏制度,实现"横向到边、纵向到底"的数据集成汇聚共享;在数据基础上进行筛选、清洗、挖掘与分析,形成利用率极高的结构化数据。

（1）建立业务数据交汇管理制度，制定统一业务数据标准，要求各电商平台在建设阶段必须与大数据集成平台交互数据，确保数据采集的及时性和有效性，提高数据集成效率。

（2）建立数据查缺补漏制度，对各项业务数据定期分析检查，将缺少的业务数据通过数据接口及时实现数据互通，监督所有的稀疏数据与密集数据同步收集，确保业务数据的完整性与准确性。

（3）大数据集成平台打通山东能源 ERP 系统（SAP）、SRM 系统、电子招投标系统、废旧竞拍系统、移动 APP 等多个业务系统，从多个软件系统中开采数据，不断获取所需的精准、实时的数据，自动建立数据关联，输出利用率极高的结构化数据。

3. 以"八大平台"为依托，构建三级监督网络

以"八大平台"为依托，基于"内外结合、轻重递进"的原则，云监督平台分三级设计了行为监督、廉政监督、作风监督、管理监督 4 大类 13 项 29 个监督点。作为开放式监督平台，围绕 4 大类监督内容，根据业务实际及监督需求，云监督平台可以不断拓展监督领域，丰富监督内容，细化监督重点，调配监督预警值。目前，针对山能物资电子化招采业务体系运行实际，云监督平台聚焦细化招标询比价、供应商、价格、工作效率等监督重点内容（见图 6-9）。

（1）招标询比价监督。重点对招标采购、询价采购中可能存在的违规违纪行为进行监督，主要包括专家打分监督、投标人围串标监督、废标率异常监督等监督内容。

（2）供应商监督。重点对供应商违反管理规定的行为进行监督。

（3）价格监督。重点对采购价格不合理的问题进行监督。

（4）工作效率监督。重点查纠采购供应领域的形式主义、官僚主义和慢作为、不作为等工作作风问题。

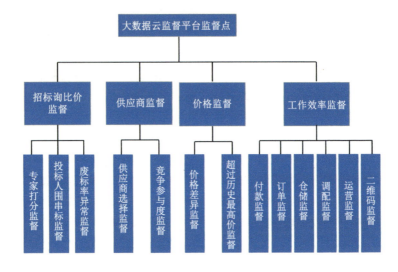

图 6-9　大数据云监督平台监督点图

4. 规范预警问询处置,进一步提高监督效能

大数据云监督平台以设定的监督预警模型(见图 6-10)进行实时在线监督,对发出预警的处置分为异常线上问询处理、涉嫌违规违纪线下处置。

(1)异常线上问询处理

① 区域(直属)公司监督问询。公司纪委对发现的区域(直属)公司预警或业务问询存在疑点发起问询到区域(直属)公司负责人,由负责人指派到相关业务部门负责人,业务部门负责人指派到具体的业务人员。由业务人员核实处置后,将处置结果上传,逐级经过部门负责人、区域(直属)公司纪检负责人、区域(直属)公司负责人审批上报。公司纪委收到问询反馈后,依据情况选择线上闭环、驳回重新办理或线下初核审查。

② 部门监督问询。公司纪委对发现的部门预警或业务问询

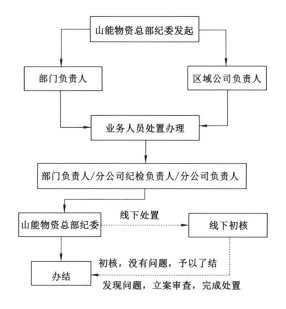

图 6-10　大数据云监督平台监督预警问询流程图

存在疑点发起问询到部门负责人,部门负责人指派到指定业务人员。由业务人员核实处置后,将处置结果上传,由部门负责人进行审批。公司纪委收到问询反馈后,依据情况选择线上闭环、驳回重新办理或线下初核审查。

　　(2)涉嫌违规违纪线索线下处置

　　公司纪委对各单位问询结果进行综合分析,对疑似问题线索的异常及问询结果进行线下问询,开展调查核实。对部分重点问题,也可直接发起线下问询,直接开展调查核实工作。

　　5.健全和完善工作机制,充分发挥平台作用

　　(1)健全组织机构,压紧压实责任

　　一是成立山能物资大数据云监督工作领导小组,负责统筹规划云监督平台的建设工作,指导监督点、监督算法模型及预警标

准的增减、完善、优化,使云监督更贴合业务实际;二是领导小组下设办公室,负责实时修正完善云监督模型及标准;三是下设3个工作组,监督运行组负责对云监督平台监督预警问题进行问询、处置、定期通报,及时、精准发现问题线索并转交纪检办案组,后台管理组配合办公室做好监督点、监督模型及标准的实时修正,纪检办案组负责对云监督平台发现问题线索选取适当方式进行处置,并将处置结果及时反馈监督运行组进行线上闭合。

(2)建立工作机制,推进平台应用

一是提高思想认识,加强组织领导。山东能源在深化区域化、专业化改革中赋予了山能物资推进集中采购更大的监督管理权限,各部室(中心)、各单位需要深刻认识实践运用大数据云监督平台的重要意义,把用好云监督平台作为推进物供体制改革、加强物供专业监管、促进廉洁从业、打造阳光国企的有力抓手,高度重视、积极参与、主动作为。

二是强化协同联动,严格责任落实。针对公司二级采购模式,以纪委、总部10个部室(中心)、10个权属单位为三级纵向管理,以各单位落实好"一把手"负总责、纪检分管领导靠上抓、科室负责人及业务人员及时处置办结为横向管理,设置104个平台管理员,形成全覆盖的网格化管理模式。

三是加强成果应用,助力高质量发展。针对监督中发现的运营短板,以问题提示函、纪律检查建议书的形式督促有关部门进行整改,对涉及违纪线索问题,按规范程序进行调查处置,真正达到以监督促管理的效果。

(四)实施效果

1. 提升了纪检监察成效

云监督平台的建设与应用,以采购招投标业务大数据流转为基础,打通了基于物资采购及招投标"业务监督"实现纪检"监督的再监督"的路径,创新了监督执纪问责的传统模式,有利于提升纪检监察工作精准化、规范化、智能化水平,提升了纪检监察成效,推动了企业实现健康高效发展。截至 2022 年底,针对平台运行监督发现的专家打分有倾向性、竞争参与度低、废旧物资处置不规范等问题,公司纪委向各有关单位、部室发出工作办理提示函、纪律检查建议书、转办函等 22 份;针对采购价格差异性大、不按规定处置废旧物资等问题下发通报 3 份;对线上物资采购 8 大电商平台超过 3 000 万条数据集进行过筛监督,发现异常预警数据 12 558 条,其中处置闭合 10 743 条、预警中 1 815 条,公司纪委完成监督预警问题处置闭合 616 条。

2. 优化了运营管理机制

截至 2022 年末累计清理供应商 36 家、压缩长期不合作供应商 2 300 余家,优化了供应商管理。码货超期预警由起初的 1 026 条预警降为目前的 0 预警;物资库龄预警从 1 800 条下降至 200 条。针对清廉物资二维码监督举报反映比较集中的"客服电话接听率低"的问题,下发纪律检查建议书,促成设立了鲁中客服专班,将客服工作由兼职性协同服务转变为专职性多元化服务,接收处置系统工单 1 243 项,电话接听率由 26% 提升到 92%,作风监督效能发挥显著。针对反映"退返平台保证金效率低"的问题,促成业务单位重新梳理业务流程,由周退款改为日退款,推行 RPA 机器人技术替代退保业务人工操作,进一步优化了服务效率,树立了山能物资电商平台良好口碑。

三、"多元化"资金创效

(一)实施背景

山能物资供应体系顺应变革要求,从原来二级公司的自采单位变为独立的二级集采企业,以总公司、区域公司、专业子公司的形式存续,改变了原有物资体系格局,打破了原有采购状态下的封闭性,为实现规模效益、集中采购资金优势创造可能。目前,山能物资相关资金管理政策还需要细化落实,权属单位人员配置也尚需完善,年轻的专业人才队伍为企业的发展提供物质基础,公司正努力从资源分散向优化配置转变,从管理粗放向精益运营转变,形成扁平化管理模式,以最终实现集团整体效益最大化和公司利润最大化,保证良性的资金流动与可靠的资金盈利。

物供企业作为供应链条的基准点,向上串联起供应商,向下串联起客户,实现供应链条上的物资采购协同效应,实现商流、资金流、信息流以及物流的有效传递和传输。山能物资于2022年完成财务共享平台的全部上线工作,利用信息化的手段实现财务数据沉淀,确保各项数据全面规整,实现有效循环,从而为增强资金使用效率奠定数据基础。按照山东能源资金管理办法要求,所有货币资金的流入、流出都需经财务公司平台,并且流动资金每月月底要完成资金归口需要,归集到财务公司账户,确保资金集中度100%,确保资金安全,并对资金使用状态进行动态监督。当前资金管理格局为资金管理创造安全环境,但过于集中的资金管理使得资金创效的路径相对有限,要求企业应在当前有限的资金管控体制下利用时间缺口创造财务效益最大化,并利用业财融合趋势,实现资金在业务端的有效盈利。

(二)实施目的

规范化物资体系为集约化资金管理提供可能;链条式物供管理为上下游资金联动提供可能;信息化财务集成为体制内安全创效提供可能。

(三)具体做法

1. 优化应收款项管理,加速企业资金周转率

(1)应收账款保理——融信通业务。山能物资使用融信通平台办理应收账款保理或者开具供应链票据等供应链金融业务,进行货款结算等,增强山东能源的资金协同创效力度。应收账款分为以上游供应商为主体的应收账款和以山能物资为主体的应收

账款。一种是上游供应商每月按照挂账余额 30％回款的应收票据作为银行存款流入,将可操作的应收账款报账单通过融信通平台质押给第三方银行,实现挂账信息的线上冻结,并由业务部室及财务管理部对接融信通平台提供对应的发票、合同等相关信息,由银行审核其相关资质,并以核心企业的按期还款为承诺对上游供应商进行资金发放,实现应收账款融资。另一种是山能物资作为供应商,为及时获取下游内部矿区单位为主体的客户回款,或缓解内部客户单位煤价周期性变动的回款压力,采用融信通平台,下游客户同样将应收账款通过融信通平台质押给第三方银行取得融资的形式。应收账款报账单会在到期前 15 天解冻,核心企业作为还款主体应及时提交还款申请,并付款至供应商在银行开具的监管账户,保证还款承诺按期完成,以免影响企业信誉。

（2）应收票据融资——质押应收票据开具应付票据。山能物资根据其现有物供模式创新应收票据融资形式,以大额短期应收票据质押,开具需求金额的应付票据,并按照银行要求提供相应的合同、发票作为审核依据,完成付款流程,实现保证金利率大于财务公司利率的资金创效。

2. 发挥供应链整合优势,实现资金内部创效

（1）基于融信通业务的资金创效。按照山东能源关于融信通业务的协同工作要求,山能物资发挥物供系统的供应链整合优势,推进上下游关联单位开展融信通业务。为实现资金效益最大化,一方面,与上游供应商签订 0.5％的现金折让协议,实现应付账款的扣减;另一方面,与下游客户借助融信通平台落实应收账款的保理业务,变流动性稍差应收票据回款为高流动性的货币资金形式,盘活企业资产,且基于融信通业务产生的银行手续费4.5％由下游客户承担,降低额外费用支出,实现供应链金融资金效益最大化。

（2）基于应收票据融资的资金创效。为满足货款结算工作需求，通常采用大额应收票据开具小额应付票据的形式。然而，在流动资产向流动负债转换的过程中，由于市场利率波动，或存在资金创效的窗口期，当应收票据基于市场贴现率低于现汇质押银行的存款利率时，通过应收票据贴现后，以贴现的货币资金全额质押开具银行承兑汇票，同时货币资金质押开票后以定期形式质押在保证金账户，如果现金利率大于财务公司利率，则会产生财务管理效益，从而实现资金内部创效。目前，已完成票据贴现工作的贴现率为 1.5%，而通过现汇质押银行产生的存款利率为1.9%，存在的差额空间为资金创效提供可能。同时，山能物资总部实时对下属单位的票据做好集中动态管理工作，集合其优质应收票据资源，抢占低价位市场贴现率，以取得资金管理创效优势。

（3）基于合同结算条款的资金创效。按照山能物资物供合同管理办法，除特殊战略合作伙伴外，对物资采购供应中所涉及的合同签订均采用规定模板及结算条款。一方面，合同约定"根据代销人开票通知单寄售人开具全额增值税专用发票，发票挂账后，代销人次月起每月按挂账余额的 30% 支付 6 个月期银行电子承兑汇票结算"。通过对下游供应商的分期结算及上游供应商的全额收款，实现供应链条的资金沉淀。一方面，根据国家政策对银行承兑汇票的最新要求，合同约定的票据结算由原来的一年期转换为半年期，基于原有合同价款签订为一年期承兑汇票的货币时间效应，制定收取 2% 现金折让协议政策。另一方面，结算条款约定"代销人可支付较短期限电子承兑汇票，根据支付金额的 4%（年化）利率和不足 6 个月的天数进行付款折让；可支付电汇，根据支付金额的 4%（年化）利率进行付款折让；可提前支付，按照提前期限，根据支付金额的 7%（年化）利率进行付款折让。"该合同条款为供应商尽快取得流动性货币资金提供可能，以电汇付款形式获取现金折扣，节约资金成本。

3. 实时资金动态管控

根据山能物资的组织架构,对下属分公司与子公司的资金采用集中与相对集中的动态管控体制。按照山东能源的工作要求,权属单位全部在财务公司开立银行账户,并在月底确保流动资金归集度 100%,实现银行账户的集中管理。在货币资金方面,为发挥资金的规模优势、提高资源协同效应,要求各分公司定期将除正常企业运转所需货币资金外的部分上交山能物资总部,以集约化的货币资金管理,实现规模化资金创效。在票据资金方面,每月山能物资总部根据贴现率情况要求各权属单位上交可贴现的大额承兑汇票,进行应收票据的归集创效。如贴现率高于存款利率时,则贴现后用现汇质押开票的工作不具有资金创效可能,各单位根据手持应收票据情况自行进行票据质押融资开票工作。为做好权属单位的票据管理,统一开立中信银行作为票据账户,并实时做好中信资产池的额度管理工作。同时,通过上报各权属单位日报表及资金日报汇总表,实现对企业资金的动态管控。

(四) 实施效果

2022 年通过票据贴现、供应链金融服务等措施,实现直接创效 4 650 万元。截至 2022 年底,完成了规范货款结算任务,降低使用单位采购合同金额 1 824 万元,实现折让收益 2 183 万元;向供应商累计完成放款 5.6 亿元,圆满完成了供应链金融业务协同额任务指标;累计贴现 18 亿元,存款利率创效 470 万元。

通过创新资金管理模式,降低了物供企业资金融资成本、提高了资金周转能力、提升了资金创效水平,提高了企业的债务清偿能力和盈利能力,减轻了付款压力。一方面,2022 年 1～3 季度,山能物资的经营规模与利润水平稳步提升,资产总额从 260 704.22 万元增长为三季度的 759 115.30 万元,营业收入从 128 292.20 万元增长为 689 054 万元,企业净利润从 492.75 万元增长为 12 295.42 万元,企业资金实力稳步增强。另一方面,通过多种融资手段并行,实现财务创效。以鲁南分公司为例,2022 年全年实现应收票据质押 37 657 万元、现汇质押 4 398.58 万元,通过多种形式实现资金创效金额合计约 1 261.42 万元,使得企业融资能力持续增强。

四、"框架协议招标"价格数学模型

(一)实施背景

山东能源按照"供应商入围＋三轮竞争性报价＋精准谈判"的采购思路,实施区域分工和组建谈判专班相结合的精准谈判模式,实施精准谈判采购。所需材料类物资的产品构成,大部分都与化工、钢铁、有色金属等大宗商品息息相关,大宗商品的市场行情,也直接决定了材料类物资的价格波动属性。

近年来,随着中美贸易战、俄乌冲突、新冠疫情、通货膨胀、逆全球化等各种客观因素的影响,国际以及国内的大宗物资价格均出现了强烈的震荡,这也导致了相关行业下游产品价格的极度不稳定。尤其对供需双方,固定周期定价方式或固定比例重新定价方式不能够完全满足精益物供管理的实际需求,也存在着隐性的采购及违约风险,而"价格数学模型＋框架协议招标"模式的应用所形成的成交价格动态微分变化,既可以实现成交价格与市场行情价格的实时接轨,又能提高供应商参与投标与竞价的积极性,对各交易主体起到了有效的保护及预防作用。

传统招标中以价格分值为主导,技术分值、商务分值占比较低且主要靠主观判断的评审方式,往往会导致部分企业实力较差、生产水平落后、产品质量一般的供应商中标,这严重制约了物供业务管理的精益化发展。不同水准的生产企业在同一平台的不对等竞争也容易造成低于成本价竞标、恶性竞争的发生,这不仅会使产品质量难以保证,而且会对整个采招过程的准确评判形成误导。所以,框架协议招标的突破创新、统筹细化,才能够有效支撑价格数学模型的真正落地,满足物供管理的精益化需求。

（二）实施目的

贯彻落实山东能源"变机制运营为数字运营"的数字转型创新要求,进一步提升精益物供管理水平,激发供应商的参与积极性,实现供需双方的互惠共赢,防止恶性竞争导致的市场混乱以及产品质量的参差不齐。

（三）具体做法

根据不同的产品特性,针对现有市场行情下物资随原材料变化所形成的波动规律,山能物资形成了针对不同类型物资的以原材料价格构成为主导、其他成本统筹均摊的价格数学模型。不同的模型将各类物资的产品属性、使用属性、价格属性等进行有效融合,提供了物资采购的数字化定价解决方案。

结合不同的行业属性,结合物资公司"建成与世界一流企业相匹配的物供管理体系"的要求,山能物资形成了针对细分行业的以产品价值为主导、性价比提升为依据的框架协议招标规则。统一与个性兼顾的框架协议招标将供应商的公司属性、合作属性、创新属性等进行综合评价,为价格数学模型的有效执行奠定了坚实基础。

1. 型号标准化:产品型号的统一与规范

山能物资组织清理系统内的错误编码、重复编码共计3.7万条,并根据是否存在未清业务对编码进行了分批次停用。在编码清理后,山能物资在编码审核过程中加强了对编码新增规范的考核力度。

2. 技术标准化:产品技术要求的基础与准则

对不同类物资在框架协议招标时设置相对应的技术要求,并根据使用单位的实际需求,对部分物资提出了高于国家标准的技术要求,化上限为下限,目的在于让同等档次的产品站在同一起跑线进行良性竞争,也为价格数学模型的成熟应用奠定良好的基础。

3. 原材料成本标准化:产品原材料构成的统筹与兼顾

在价格数学模型的设计中,既考虑到原材料成本占比的波动范围,也考虑到具体使用需求的权重比例,统筹考虑重点原材料成本变动的价值体现,兼顾不同产品原材料组成对综合成本的影响水平。

4. 成本结构标准化:产品综合成本的固定与可变

基于对不同种类物资原材料成本在综合成本的占比分析,得出价格数学模型的雏形,在这个过程中,山能物资秉持了以下几项操作准则:① 对原材料成本占比较高、市场波动幅度较大的原材料构成,作为价格数学模型的主要联动数据;② 对原材料成本占比较低、市场波动幅度较小的原材料构成,作为价格数学模型的次要联动数据;③ 对原材料以外的成本,如管理成本、研发成本、生产成本、人工成本、折旧成本、包装成本、财务成本、折旧成本等,将其视为固定成本,由供应商在框架协议招标的基期报价时依据企业自身情况进行核算,不作为价格数学模型的联动依据。

5. 模型设定标准化:对价格数学模型的完善与优化

对产品原材料的取值方式、联动方法结合现有市场行情进行最终优化,并结合采购人的客观需求制定价格模型准则,最终形成既便于采购人实际操作又能够向供应商准确描述价格波动方式的价格数学模型。

以电缆价格数学模型 1.0 版本为例,该价格数学模型主要与铜材挂钩,在有关电解铜价格公布的网站中,上海有色网(http://www.smm.cn)的 SMM 1#电解铜均价与铜杆的现货价格(去除加工费)相似度最高,所以将上海有色网的 SMM 1#电解铜均价作为参考依据。先整理 2020—2023 年上海有色网 SMM 1#电解铜的价格,得出近三年 SMM 1# 电解铜的平均价格为 62 227元/吨。为了便于计算,取 60 000 元/吨为基数作为 SMM 1# 电解铜基期价格的定价准则。

基于电缆价格数学模型 1.0 版本,对各类型电缆的公允浮动值进行整数化取值,将矿用橡套电缆的铜材价值占比确定为60%,将矿用交联电缆的铜材价值占比确定为 75%,将采煤机电缆的铜材价值占比确定为 60%,将交联电缆的铜材价值占比确定为 75%,且在一定原材料价格波动范围内保持基期价格的稳定性,最终得出价格数学模型 2.0 版本:

(1)矿用橡套电缆价格数学模型。以订货时点上海有色网SMM 1# 电解铜均价为基础,实行价格联动:1# 电解铜均价浮动<1 000元/吨,电缆采购价格执行中标价;1# 电解铜均价浮动≥1 000元/吨,调整当期采购价格＝中标价＋中标价×(1# 电解铜均价－基数)÷100 000。

(2)矿用交联电缆价格数学模型。以订货时点上海有色网SMM 1# 电解铜均价为基础,实行价格联动:1# 电解铜均价浮动<1 000元/吨,电缆采购价格执行中标价;1# 电解铜均价浮动≥1 000元/吨,调整当期采购价格＝中标价＋中标价×(1# 电解铜均价－基数)÷80 000。

(3)采煤机电缆价格数学模型。以订货时点上海有色网SMM 1# 电解铜均价为基础,实行价格联动:1# 电解铜均价浮动<1 000元/吨,电缆采购价格执行中标价;1# 电解铜均价浮动≥1 000元/吨,调整当期采购价格＝中标价＋中标价×(1# 电解铜均价－基数)÷100 000。

(4)交联电缆价格数学模型。以订货时点上海有色网SMM 1# 电解铜均价为基础,实行价格联动:1# 电解铜均价浮动<1 000元/吨,电缆采购价格执行中标价;1# 电解铜均价浮动≥1 000元/吨,调整当期采购价格＝中标价＋中标价×(1# 电解

铜均价－基数)÷80 000。

（四）实施效果

（1）品牌影响力的提升及供应链价值的优化。通过"价格数学模型＋框架招标协议"模式的应用,山能物资不仅实现了对采购物资价格的动态管理及科学定价,而且吸引了国内各行业头部企业的积极参与,如电缆框架协议招入围的江苏亨通电力电缆有限公司、江苏上上电缆集团有限公司、远东电缆有限公司、青岛汉缆股份有限公司、特变电工山东鲁能泰山电缆有限公司等企业,均为"2022年度中国线缆产业最具竞争力企业100强"中前20强的公司。

（2）框架协议招标的创效分析。2022年度电缆及钢丝绳的框架协议招标,涉及7个标段共计1 457种规格型号,预算金额68 835万元。经过招标方案讨论、招标文件会审、线上＋线下评标、授标建议上会等程序,最终共入围33家供应商,中标厂家平均中标金额合计59 783万元,较估算金额68 835万元节资约9 052万元,节资率约为13.15%,同类产品较市场均价低出约4.9%。预计对山能物资的材料类物资按照框架协议招标的方式进行推广后,可实现节资金额约21 040万元。

（3）价格数学模型的创效分析。2022年度框架协议招标至今,通过价格数学模型的数字化定价,结合三轮谈判的模式,共实现电缆的采购创效906.93万元,预计2023年全年可实现电缆采购创效2 176.63万元。"价格数学模型＋框架招标协议"招采模式的运行,进一步提高了竞争的公平性,切实降低了采购成本,实现了物资采购价值最优的初衷和安全及时保供的目的。

五、"共享采购"助力内外协同

（一）实施背景

2020年7月山东能源与兖矿集团实施联合重组,物资采购及供应整合是联合重组的重要一环。整合之初,在二级集采物资集采环节,存在以下明显问题:一是供应商数量过多,各个区域原有供应商多达 12 000 余家,即使将区域之间相同供应商去重之后仍有 7 000 多家;二是重复劳动,各区域公司之间采购物资品种高度重合,同一个品种的招标谈判项目,各区域公司均需组织招谈定价;三是价格参差不齐,同一供应商对不同区域公司价格不一,同种类物资不同供应商之间价格差异过大;四是编码冗余,编码数量多达 100 余万条,编码重复、错误等问题造成计划不准确、计划分散问题明显,影响使用单位物资的及时供应。这些问题能否解决决定着物资供应体制改革成效乃至成败。

（二）实施目的

挖掘培育优质供应商,合理控制供应商利润率,实现产业链条上各主体的融合共生、互利共赢、协同发展,进而实现煤炭产业采购优化升级,带动行业高质量发展。

（三）具体做法

山能物资在物资采购及供应管理实践过程中,提炼总结出了"三破、四化、五共享"的做法（见图 6-11）,主要是指:以"规模创造效益、协同创造价值、数字创造未来、品牌创造辉煌"理念为引领,以"共建共享"思路为核心,有效利用"供应链管理理论""价值创造理论""企业竞争优势理论"等现代管理理论,破除企业管理壁垒,破解零和博弈对抗,冲破价格信息瓶颈,加强专业化管理、区域化管控、平台化运作、一体化运行,实现"渠道共享、招标共享、价格共享、编码共享、仓储共享",促进实现新形势下物资采购及供应高质量、融合发展。

1. 实行先瘦身再管理,推动供应商清理与优化

山能物资成立之初,各区域公司沿用原各矿业集团供应商,数量高达 7 219 家,远超煤炭行业其他头部企业。供应商数量庞大冗余,且供应商种类多样、产品质量参差不齐,供应商管理标准

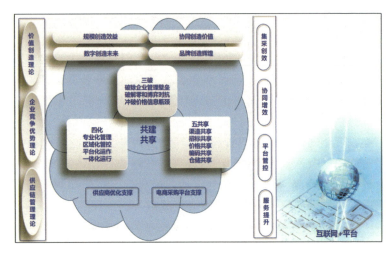

图 6-11　共建共享采购管理创新与实践内涵图

不统一,对此,山能物资坚持问题导向,实行先瘦身再管理,开展"四个一批"供应商清理与优化工作(见图 6-12),及时清理经营异常企业、非公平竞争企业、长期不合作企业、规模实力较弱企业,将供应商总数压缩至 4 000 家以内,大幅提升了供应商整体质量。

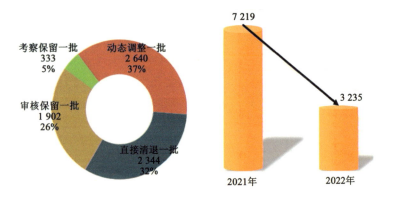

图 6-12　供应商数量瘦身情况示意图

2. 以共享招标为开端,实现供应商的集中统一

山能物资提高层次站位,创新"买全国、卖全国、供全国"的共享招标工作理念;组建成立了共享招标工作领导小组,加强共享招标指导监督;成立招标专班,强力推进共享招标工作;共享招标工作专班按照"渠道整合、价格共享、资源协同、项目全覆盖"的思路,统筹物资品种,制定共享招标工作计划;根据每个物资品种现有的头部企业信息调研,以及历史供应商、供应区域、供应量、价格合理性等信息数据,形成最优的共享招标工作模板体系;将共享招标工作推进质量和效率纳入山能物资年度重点工作,制定了《共享招标专项工作奖励办法》,加强监督考核,高效推进共享招标落地。

3. 以共享谈判为核心,实现采购价的区域统一

山能物资创新共享谈判工作理念,把各区域公司采购物资的价格整合起来,通过产品成本分析、运价运距核算方式,摸清供应商及产品的底价,掌握了供应商谈判降价空间,有针对性地做好整体降价、个别降价、区域降价工作,从而破解信息不对称的瓶颈;成立谈判专班,持续推进共享谈判工作;加强谈判准备,做到谈判"六清"工作(物资明细清、厂家信息清、消耗用量清、往期价格清、技术标准清、主材价格清);设定谈判标准,落实价格共享管理责任;加强现场管控,提升共享谈判效果和质量;强化评价和执行,保障共享谈判高效落地。

4. 以编码清洗为基础,实现采购物资规范统一

山能物资坚持问题导向,创新编码管理新模式。为实现对编码的规范统一,结合共享招标、共享谈判的稳步进行对编码体系提出的要求,山能物资系统摸排问题,成立编码清洗工作专班。针对 44 万条编码进行集中清理工作。编码清洗专班在工作之初就确立了最小限度对业务产生影响的原则,多次组织召开区域公司编码清洗人员会议,细化问题编码处理流程。为保证清理效果

和进度,山能物资运营管理部自专班成立以来下发了《关于编码集中整理工作的通知》《关于报送 MDM 平台问题编码信息的通知》《关于加强编码集中整理工作考核的通知》《关于待停用编码禁止上报计划的通知》等一系列编码清洗相关文件,明确了编码整理进度、质量、协同办理等考核要求及奖惩标准等,为编码清洗按计划、高质量完成奠定了坚实的基础。为巩固编码清理效果,编码专班结合清洗经验,参考《煤矿物资手册》和现有编码体系规范要求,总结形成了《物料主数据填写基本规范(试行)》(山能物资发〔2022〕37 号)。同时,采用"共享"理念,实现编码管控成效升级。

5. 以电商平台为手段,实现采购物资共用共享

山能物资创新采购模式,构建了电子网上商城,通过平台将供需双方的信息传递实现可视化、集成化、标准化,互通有无、打破信息壁垒,同时依托山东能源的品牌影响力,吸引越来越多的优质供应商加入平台,不断扩大平台的共享优势。山能物资创建物资商城,实现与供应商价格信息共享;强化标准作业,实现上架流程和接口共享。

(四)实施效果

1. 供应商优化瘦身、采购提质增效,推动山东能源集采效益最大化

通过"四个一批"的供应商数量压缩与供应商结构优化、共享招标供应商资源整合等工作,截至 2022 年底,山能物资供应商由 7 219 家压缩至 3 707 家,压缩比率达到 49%;采购物资供应商向头部企业、优质企业、大型企业集中,其中,采购额度前 400 名供应商采购金额达到 135 亿元,采购额度占比 85%,前 800 名供应商采购金额达到 150 亿元,采购额度占比 95%。采购额度的集中带来了采购效益的显著提升,2022 年实现集采创效 19.23 亿元,采购综合创效比例达到 20% 以上,同时也有效规避了厂商不均衡

报价和超额利润盲区,推动了山东能源集采效益最大化。

2. 创新共享采购模式、整合各类资源,拓展企业发展理念与内涵

从 2021 年 12 月份首次提出共享理念,到 2022 年 3 月首次应用共享招标,再逐步拓展至共享谈判、共享编码、共享点单、共享仓储等各个环节,经历了"从无到有、从有到优、从优到专班机制高效运行"三个环节,每次调整都是理念创新与实践落地高效融合的结果。共享模式运行后,招标、谈判项目频次压缩了 70%,编码数量由 100 余万条压缩至 26 万条,重复计划、未清计划大幅缩减,实现了总部与各区域公司的深度交流与融合,有效拓展了山能物资的发展理念与内涵,为后续共享仓储的继续建设奠定了良好基础。2022 年共享招标、共享谈判、共享电商专班累计完成招标谈判项目 53 项、517 个小类,累计年采购金额 31.12 亿元。

3. 打破利益隔阂,推动供应链一体化,实现产业链条各方互利共赢

通过共享招标、共享谈判,与国内 57 家顶端头部企业建立了战略合作关系,构建起煤炭生产产业链条上生产厂家、山能物资、使用单位三个利益体共赢的合作模式。

六、"创客联盟"激活组织细胞

(一)实施背景

山东能源以"小创客"撬动"大创新",成立"员工创客联盟"项目,以"整合优势资源、打造创新团队、发挥骨干作用、解决采购问题"为主要内容,着力解决公司在创新采购、降低成本、模式创新等方面的难题。

(二)实施目的

大力弘扬创新精神,充分激发作为组织细胞的员工的创新创效潜能,加快推进人才队伍建设。

（三）具体做法

1. 推行创客制度

鼓励创新性业务、思维、商业模式等，实施模拟利润考核，独立运作，收益分成，保护和鼓励创新性思维。成立了运输带、钢材、外部招标、废旧处置等 10 个创客联盟，组织了项目经理竞聘，下发了《开展创建"员工创客联盟"等活动的实施意见》，员工的绩效薪酬与创造的效益挂钩，有效调动了内部市场化创效潜能。

2. 制定创客联盟考核激励办法

为激发员工的创新活力、创新管理机制、不断降本增效，山能物资制定了新的 10 项创客联盟考核激励办法，涉及输送带、橡套电缆、废旧物资竞卖等多个创客联盟项目，如图 6-13 所示。

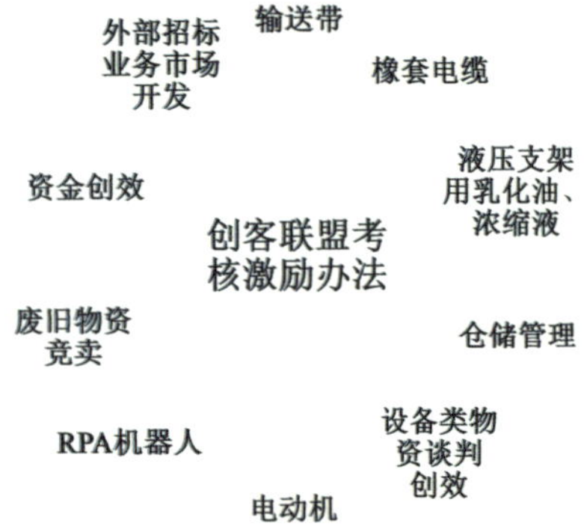

外部招标
业务市场
开发

输送带

橡套电缆

资金创效

液压支架
用乳化油、
浓缩液

创客联盟考
核激励办法

废旧物资
竞卖

仓储管理

RPA机器人

设备类物
资谈判
创效

电动机

图 6-13　创客联盟考核激励办法

3. 典型案例——输送带创客联盟激励机制

（1）项目内容：通过加强对输送带的采购管理，紧跟市场，将采购规模适当向优势供应商集中，不断提高采购话语权，为山东能源供应链体系的优化再造、降低采购成本，助力山东能源高质量发展贡献团队力量。

（2）项目任务：提高输送带的性价比，将山东能源 1800S 强度加强型输送带使用纳入全生命周期管理,通过全生命周期管理,最终得出使用能够满足现场需要和设计要求的价格较低的产品,替代原用的产品,在满足安全生产需要的同时,既保证品质不下降又节省材料投入。通过创新采购模式和谈判方法,不断降低采购价格,实现考核期内同厂家、同品种实际采购价格,在考虑化工原料价格指数后,比 2020 年采购价格下降 10％以上。

（3）项目岗位设置:项目总监 1 人,负责整体业务运行,包括合同审核、谈判方案优化、采购单位优化等各项项目管理工作;项目经理 1 人,负责与供、需单位进行衔接,并与供货商进行业务洽谈,优化采购流程,降低采购价格;管理人员 2 人,负责项目中各项具体业务的计划、执行、跟踪、建档、统计分析等工作,该岗位由项目经理聘任。

（4）项目考核周期:2021 年 1 月 1 日至 2021 年底。

（5）模拟利润计算及考核指标:在考虑化工原料价格指数基础上,同厂家、同品种实际采购价格比 2020 年采购价格下降 10％以上,视为模拟利润。

模拟利润＝∑{[同厂家同品种 2020 年平均采购价格×（2021 年采购时化工原料月度平均价格÷2020 年化工原料同期平均价格）×（1－10％）－同厂家同品种 2021 年实际采购价格]×实际采购数量}

（6）项目考核及激励:按照模拟利润的一定比例累计分阶段提成奖励。其中:50 万元以下,按照模拟利润 5％提成奖励;50 万（含）～100 万元,按照模拟利润 10％提成奖励;超过 100 万元（含）的,按照模拟利润 15％提成奖励。提成奖励的 50％奖励项目经理,20％奖励项目总监,30％奖励其他成员,其他成员奖励方案由项目经理提出。

考核指标完成后,每月由项目总监核算,提出考核奖励兑现方案,由公司综合管理部、财务管理部审核并报公司确认后兑现。

项目经理全年效益工资提成超过本部门平均效益提成 60 个百分点,项目总监及团员全年效益工资提成超过本部门平均效益提成 30 个百分点,以及遇有内部产品协同等其他特殊事宜,公司研究决定。该项目产生的收益,进一步降低山东能源采购成本,全部留存在物供单位。

（四）实施效果

2021 年上半年输送带采购创客联盟实现模拟利润 270 多万元,集采创效取得成效;2021 年化工建材部 10 个创客联盟累计创造模拟利润 3 100 万元;招标创客联盟员工绩效薪酬按对外开拓市场创造的净利润提成,有效调动了员工开拓外部市场的积极性。

第四节　技　术　支　撑

山东能源以智能工作流链接供应链定制化、自主学习、动态计算等发展趋势,探索云技术、IOT 传感、机器人与自动化等供应链信息技术的应用,建设形成了物供管理"八大平台"、融合人工智能的 RPA 技术和基于 NLP 技术的人工智能客服,实现主数据、计划、采购、仓储、结算、配送、闲置、回收等全流程管理、闭环式管控和全线上运行。同时,山东能源也积极从技术管理机制入手,构建了科技创新服务平台,从而增强供应链响应能力和灵活性,实现现代供应链管理与数字技术的有机融合。

一、物供管理八大平台

（一）实施背景

山东能源围绕物供管理中的各业务模式和管理方式,以数字化转型为契机,以物供数字化平台和大数据系统为基础,集成物联网、大数据、人工智能、云计算技术、高端装备等多种关键技术及装备,打造智慧系统,建设形成了物供管理的"八大平台",实现主数据、计划、采购、仓储、结算、配送、闲置、回收等全流程管理、闭环式管控和全线上运行。

(二)实施目的

实现物供管理的及时化、透明化、互动化、可追溯化和智能化决策,提升采购全生命周期管理能力。

(三)具体做法

山东能源物供管理实行"平台＋终端＋内容＋增值"的生态圈模式,其中平台是以"一模式一平台"为原则,围绕物供管理中的各业务模式和管理方式,构建电子招投标、询比价采购、电子商城、废旧物资公开处置、共享仓储管理、智慧调度、大数据分析与云监督、云服务八大平台。以 PC 端的中国矿用物资网和移动端的干将 APP 为终端载体,承载所有平台运行及功能应用,从而开展设备(资产)从采购到使用、维检、闲置调剂、报废的全生命周期管理。

1. 电子招投标平台

山东能源电子招标投标交易平台简称"纵横招标",是经 EBS 认证的全流程在线招投标交易平台,采用云部署、大数据、移动数字证书等先进技术,实现采购过程数字化,全程可追溯、可管控,实现功能、业务、用户全覆盖。纵横招标平台具备远程异地评标、实时答疑、网签合同、一键存档、保证金一键退回等功能,同时具有移动 CA 认证、围串标监督预警等功能,实现专家抽取、专家评标"双盲"管理,同时在全国布局共享标准评标室,为供应商和评委提供便捷服务。

2. 询比价采购平台

询比价采购平台提供在线询比价服务,支持多种采购模式(包括多轮报价谈判、竞价采购、对标谈判采购、单一来源采购、内需非煤产品采购)。该平台采用"招标入围＋三轮比价"方式,"首轮最高价淘汰和战略供应商保护"相结合,依托大数据分析进行价格比对、快速统计、成本洞悉,实现"精益采购",激发供应商合作潜力,提高定价效率和准确性。该平台与企业 ERP 系统同步,能够高效建立和发起询比价采购项目,对供应商报价自动加密,对采购过程数据全程留痕,支持数据溯源、统计分析及审计监察,具有信息集成、便捷高效、留痕管理、保密性强的特点。

3. 电子商城平台

该平台是山东能源聚合优势资源打造的面向第三方的点单商城、专享商城。山东能源内部单位通过选商品、下订单、签合同,一键点单,开创性实现由传统的多人协同采购向集约保供、一键点采的转变,开启协同采购"新纪元"。电子商城平台具有两大创新点:一是企业 ERP 和电商平台采用统一的产品规范、统一的数据口径,实现企业与电商业务数据管理标准一致,支撑 B2B 业务紧密运转;二是实现共享的供应商、价格、仓储、物流配送、评价结果,通过"定价权上收,选择权下放",实现集团管控与采购效率平衡。内部商城通过引入企业内部框架协议采购物资,也可以作为外部多个货源的接入管道,并向外输出。

4. 废旧物资公开处置平台

该平台使用干将 APP,通过手机实现废旧物资信息和影像资料上传,有意购买者可随时随地参与线上竞价,系统自动判断竞价合规性,在规定时间内确定最高价成交。平台同时为注册会员提供"13+6"废旧物资管理体系、分类细则(包括 13 个业务细则、6 大标准化),以及危险废物处理资质审查、运输等专业服务,会员还可享受供应链金融优惠政策。该平台与企业 ERP 信息系统集成,对山东能源各单位闲置物资进行统一管理与信息发布,发挥集中协同效用,分类处置,最大程度上实现了闲置物资资源优化配置。同时,该平台在系统架构上采取调用"微服务"模式,全程线上操作,可实现数据的实时查询和留痕管理,具有便捷高效的特点。

5. 共享仓储管理平台

该平台打破各仓储信息"孤岛",实现山东能源所有矿井和主要设备供应商区域仓库仓储信息的智联智通,实现信息实时查询、储备共享,构建一站式智慧仓储物流管理模式(包括集中采购、集中储备、集中配送、数据共享、资源共享)。以大数据驱动,逐步建成"5W"智慧供应链服务运行体系(包括无计划、无延误、无人仓、无人车、无值守)。

6. 智慧调度平台

该平台围绕"仓储、调度、安全"三大职能,以"仓储清单式管理、调度预警化运作、安全可视化管控"为指导,实现储备有清单、库存有预警、应急响应及时,三级调度实时可视化指挥,保障物资及时、高效、便捷供应。该平台的主要功能一是以计划(订单)执行督导为主线,实时掌握计划到货、领用、调配情况,对未及时完成的仓储收发工作生成限时办结工单;二是通过统一调配管理平台,规范开展物资调拨配送、应急管理、调度管理等业务,加强业务动态跟踪;三是充分利用采购、仓储调度等业务数据,开展数据分析,指导仓储调度作业、优化仓储物资存储结构、提高仓储管理运营水平。

7. 大数据分析与监督平台

该平台对日常采购过程中的供应商串标、围标等现象进行行为监督,对企业运营过程中的限时办结、重点督办等工作作风进行效能监督,形成闭环责任追索体系。该平台有四大功能:一是预警报警,线上实时抓取系统运行数据,对程序、额度等出现违规违纪标准的,及时预警报警提示;二是综合分析,对特定时间区间内的同类数据,进行综合比对分析,发现趋势性或苗头性隐患或问题;三是限制控额,设定相关数据禁止性标准,对超过规定标准的各类程序、费用、交易等,实行在线控制;四是线索发现,在线高效检索,问题可溯,实现精准监督执纪。该平台通过大数据手段收集、比对、分析,监督有关人、事和物,发现异常数据;通过对海量数据的分析比对,筛查锁定问题线索;通过数据自动录入、图表生成、统计汇总、比对分析,快速反应,挖掘问题线索,实现了监督执纪从粗放式向精准化的转变,人工监管向技术监督、被动受理向主动出击的转变,实现了监督执纪的精准化、智能化、规范化、高效化管理。

8.云服务平台

该平台以"人工智能和自然语言识别"为依托,推动"服务上云",打造 AI 数字员工,自动分析需求,实时语音交互,达成全天候线上服务,实现技术咨询、技术培训、故障会诊等服务的智能化、云服务,深入推进数字赋能。

（四）实施效果

山东能源自 2019 年建成投用八大物供平台以来即实现了物供业务的全线上运行,2022 年,纵横招标平台工程、服务、货物类招标金额 578 亿元,节省采购资金 62 亿元。废旧物资处置平台自 2019 年上线运行以来,累计完成竞拍 5 000 余场,金额 25 亿,创效 6 亿元,溢价率达 30％。

二、"使能化＋平台化"创新服务

（一）实施背景

企业技术创新是一项复杂的系统工程,常受限于人才、资金、科学技术、市场、治理机制等关键要素。一是企业普遍缺乏创新意识,企业没有从创新的"后台"走向"前台",没有广泛建立和形成技术创新的战略联盟或协作关系,集成创新意识不强,存有"小成即满""小富即卖"的心态,缺乏长远的战略眼光,创新动力不足;二是企业自主创新主体先天性发育不良,原始创新少,缺乏重大原创性的科研成果,缺乏具有知识产权的核心技术,导致创新后劲不足,有"制造"无"创造"、有"产权"无"知识"是企业创新普遍问题;三是很多企业缺少具有创新思维的优秀人才,且企业内部激励制度不完善,一定程度上挫伤了企业员工从事创新工作的积极性,导致企业留不住经验丰富的技术人才;四是市场对创新的数量、速度要求,导致企业普遍存在重引进、轻消化和重模仿、轻创新的现象,社会尚未真正形成鼓励创新、支持创新的意识与氛围,对创新重要性的片面理解还没有得到根本改变。

(二)实施目的

为深入实施创新驱动发展战略、构建完善企业科技创新体系、建立科学高效管理运行机制、提升创新服务水平、营造创新氛围、激发创新活力,结合纵横易购管理现状与集团相关办法,建设具有自主管理特色的科技创新服务平台。整合优化内外部创新资源,补齐科技创新工作短板,全面提升自主创新能力,增强企业竞争发展的技术优势,建设行业领先、能力强劲的创新型企业。

(三)具体做法

创新服务平台重点开展集体知识学习、主题课题研讨、创新成果管理3部分工作,旨在增长全员的理论与实践知识,夯实创新基础,灵活运用各种先进工具、方法激发群体智慧,营造全员创新、奖励激励创新的创新氛围。服务平台下设学习服务中心、头脑风暴中心、成果管理中心。

(1)学习服务中心负责集体知识学习工作,具体包括制定学习计划、组织集体学习、检验学习成果3部分。学习计划应结合公司发展规划、职工职业成长、新技术新模式转化、企业发展瓶颈与困难等方面制定季度计划。组织集体学习应充分采取自学领学、读书分享、专题辅导、参观学习等方式,提高学习效率与质量,营造"人人为师,人人为学"的浓厚氛围。检验学习成果要客观地对内容实用性、方式体验感、总结深刻性进行评价。

(2)头脑风暴中心负责主题课题研讨工作,具体包括组织研讨会、整理主题报告 2 部分。组织研讨会应分别从技术转化落地、探讨新模式新业务和产品功能优化、业务模式创新 2 条主线组织。整理主题报告应于研讨会结束后,头脑风暴中心根据研讨内容出具专题报告。头脑风暴中心每隔两月组织一次研讨会,研讨主题经公司经理层审议后确定,全体职工需提前做好准备。对于新兴前沿领域的主题,可适当邀请专家参与研讨。头脑风暴中心于每次研讨会后,整理研讨会纪要,出具专题会报告,并结合报告内容规划设计相应的产品技术路线蓝图或潜在商业模式,用于团队智库管理。

(3)成果管理中心负责创新成果管理工作,具体包括成果档案管理、成果鉴定工作、成果奖项申报 3 部分。及时归档头脑风暴的专题报告与产品模式蓝图、软件著作与专利等知识产权、科技成果鉴定报告等相关资料。配合集团技术研究总院开展成果鉴定工作,并做好成果申报工作。创新成果包括但不限于研究开发过程中取得的新技术、新工艺、新材料和新产品,专利、技术秘密、技术标准、软件著作权、科技论文等。

(四)实施效果

创新服务平台重点解决了 2 类问题:一是如何加强知识学习,补齐知识与能力"欠款";二是如何明确创新方向,让创新工作与实际结合。截至 2022 年 12 月,山能物资已拥有 14 项软件著作权、4 项国家专利等共计 20 项自主知识产权;权属子公司山东纵横易购产业互联网有限公司荣获国家级高新技术企业、科技型中小企业等称号。

三、"RPA＋AI"人工智能技术

(一)实施背景

为贯彻落实国家加快数字化转型要求、稳步推进山东能源战略目标、以精益管理强化过程管控、实现企业高质量发展、顺应产权新时代、盘活企业创新要素、实现企业创新要素市场化配置,山东能源融合人工智能的 RPA 技术,推进企业数字化转型和高质量发展。

（二）实施目的

运用 RPA 技术,加快推进山东能源物供管理数字化转型工作,落实集团"精益管控""两化融合"管理理念,实现物供管理降本增效。

（三）具体做法

山能物资采购电商平台率先引用智能机器人融合 AI 技术,突破传统客户服务模式,基于云的联络中心实现全渠道、全媒体的一站式智能化客户服务,有效降低企业成本,缩短建设周期,提升座席工作效率,优化客户服务体验,提升客户满意度。实现智能客服,能为客户提供变革性的智能自动化解决方案,提升运维响应速度,规范问题解决流程及方式,释放员工潜力,助力公司实现智能时代的人机协同。

RPA＋AI 赋能企业数字化转型,截至 2022 年 12 月已上线运行在线客服平台（包含语音呼叫中心）、智能文本机器人、智能语音机器人和 RPA 流程自动化机器人,现已完成 327 个知识点搭建,日访问量近百,有效召回率达 85%。

1. 顶层设计搭建基于 RPA 技术的创新要素服务平台

RPA 技术全称为"机器人流程自动化",是通过软件模拟人在 PC 上的操作,按规则自动执行流程任务（见图 6-14）。系统具有 7×24 小时无休、非侵入式开发、不依赖复杂开发、全程可控可被追溯等技术特点,适用于数据量大、重复度高、规则明确、跨业务系统、高人力成本的工作中替代人工操作,从而节省人工成本。

山东能源以"社区＋商城"的模式引导集团全员自主对业务流程进行优化改善,优化创新要素市场化配置;聚焦重点,以物资供应板块为主要应用创新孵化平台,建立泛创客联盟激励机制,

坚持效益导向、问题导向,对每个业务流程改善点相关人员进行
奖励,探索良性创新生态。

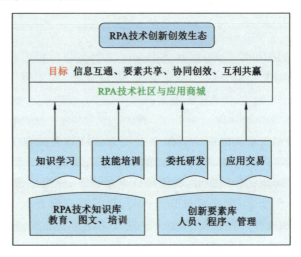

图 6-14 RPA 技术创新创效生态

2. 明确实施路径,搭建服务平台,挖掘应用场景,培育创新
文化

山东能源采用"三步走"实施策略,一是建设 RPA 社区与商
城平台,通过互联网方式提高要素配置效率;二是以物供管理为
应用孵化平台,在典型场景进行应用,成立创客联盟,规范运作机
制,总结应用经验;三是联合集团有关部门,依托 RPA 社区商城,
聚合 RPA 应用创新各要素,以山能物资应用实例在集团范围内
进行推广,提高 RPA 技术应用广度与深度,培育职工自主创新氛
围与要素市场化土壤。

3. RPA 技术社区与应用商城,打造创新要素服务平台

平台的主要功能包括知识社区、RPA 程序交易、个性化程序
定制等核心功能模块,满足用户在线学习、技术交流、买卖成熟程

序、发布程序定制任务与接单等业务需求。架构平台,在统一的账户体系上,将学习社区、应用商城、任务平台3项核心模块进行集成,采用微服务架构实现应用层内部协作。

4. 成立RPA机器人泛创客联盟,培育应用孵化平台,完善平台运营机制

在山能物资建立RPA机器人泛创客联盟,组建数字赋能流程优化项目团队,通过对物资供应相关业务流程进行梳理、优化与自动化改造,挖掘典型应用场景,探索RPA技术应用的最优模式。创客联盟对场景发现与任务发布、编程任务接单、运维工作接单的工作,按照节省人工成本的一定比例设置奖励额度,对相关参与人员进行奖励。

5. 全面推广RPA应用平台,激活职工创新、创效热情,助推企业数字化转型

依托RPA社区+商城模式在山能物资的成熟应用经验,在山东能源集团范围内进行推广,聚合RPA应用创新各要素尤其是信息化部门的研发人员,将个人能力进行有效解耦,实现创新要素(智慧劳动)的价值发现。

(四)应用效果

1. 降低人工成本,提高工作效率

通过搭建RPA业务流程自主改善平台,以自动化替代业务人员手工操作,辅助业务人员完成交易量大、重复性高、易于标准化的基础业务,降低人工成本,提高工作效率,有效落实精益成本管控要求,真正实现企业降本增效。以山能物资为例,通过13项自动化脚本的成功部署,累计节省工作时间9 246.74小时;2022年以合同签订、付款、开票、询比价等场景应用RPA机器人取代人工重复作业,节省人工成本323万元。

2. 规范业务流程,防范业务风险

通过应用RPA机器人,实现工作流程步骤标准化、自动化,

提高业务操作的合规性、准确性,有效防范操作风险、减少管理漏洞、提升风险控制水平。以电商平台会员权限开通业务为例,通过应用 RPA 机器人打通业务流程断点,实现会员启停与延期业务流程自动化,规范了会员收费流程。

3. 提升业务人员素质,促进业务人员转型

RPA 技术的推广,倒逼业务人员、RPA 应用人员共同研究业务表现与实质,更深入地了解业务运作逻辑,提出标准流程与工作标准,通过持续不断地优化改善业务流程,人人终将都是业务专家。此外,RPA 机器人的运用,推动了业务人员的转型,将业务人员从重复、机械化的简单工作中解放出来,得以从事更有价值和创新性的工作,如流程优化、业务监控和数据分析等。

4. 激活职工创新创效热情,全员参与 RPA 应用创新

将山能物资十多项 RPA 自动化脚本顺利部署的成功经验,向山东能源物供板块其他企业进行快速"复制"推广,新矿集团、枣矿集团、淄矿集团、山能重装 4 家集团权属二级单位先后上线平台,发布个性化定制需求,由开发者承接其需求开发工作。同时,神舟数码、来也科技等公司与平台达成战略合作,由其提供技术支持,平台累计注册开发者达 80 余位,其中通过高级认证的达30 人。

四、"AI＋NLP"平台客服

(一)实施背景

随着人工智能与自然语言处理(NLP)技术的迅速发展,基于NLP 技术的人工智能客服解决方案已成为业界关注的热点。这种解决方案可以使用智能机器人或虚拟助手等技术,帮助企业提高客户服务质量和效率,满足客户日益增长的需求。

山东能源集团采购体系"八大平台"的建立,不仅在行业树立起全流程线上采购、大数据闭环监督的标杆,而且在全行业率先

提供 400＋在线用户群的客服体系,是为数不多的具有自主平台、专业运营团队并提供公开客户服务体系的平台。随着山东能源物资采购电商平台知名度的不断提升,2020 年电招和在线询比价两大询源平台年成交额突破 430 亿元;中国矿用物资网年采购订单数超过 12 万条,金额突破 100 亿元,商城金额突破 2 300 万元。随之而来的是平台功能优化、运维、客服压力持续增大,而运维团队人员不增反减至一人,导致目前运维效率和质量都大打折扣,长期下去势必影响平台正常运行及品牌效应。

智能机器人充分融合 AI 技术,突破传统客户服务模式,基于云的联络中心实现全渠道、全媒体的一站式智能化客户服务,可以有效降低企业成本、缩短建设周期、提升座席工作效率、优化客户服务体验、提升客户满意度。通过 AI 智能机器辅助人工可提高客服效率 70％,1 个智能客服≈68％人工客服总服务量。通过实现智能客服,能为客户提供变革性的智能自动化解决方案,提升运维响应速度,规范问题解决流程及方式,释放员工潜力,助力公司实现智能时代的人机协同。

(二)实施目的

借助 AI、大数据、CTI 等先进技术,打造一个包含"智能语音导航机器人、智能在线机器人、智能外呼机器人、智能座席助手、智能统一知识库、智能数据运营分析"六大功能为一体的服务平台,旨在提升座席服务能力,优化团队管理能力,打造一支在招标行业具备一定综合竞争实力的运维服务团队。

(三)具体做法

客服系统是企业与客户最直接的交流窗口。近年来,山能物资为打造高效、敏捷、透明、创新、智慧的高品质服务质量,提升客户体验和满意度,建成了一套智能化、集约化、一站式的智慧客服新体系(见图 6-15)。作为电子招标投标行业领先的大规模 AI 商业化实践,山东能源 AI 客服项目助力创新 AI 智能服务新标准,并已成为山东能源服务体系的竞争力之一,助力企业数字化、智能化服务转型。

图 6-15 整体方案架构图

为充分利用 AI、大数据深度赋能,助力企业数字化服务转型,纵横易购公司与北京来也科技签订战略合作协议,成立人工智能联合创新实验室,打造了智能客服助手、智能质检等多项解耦型、可对外赋能的产品;深耕数据挖掘与 AI 分析技术,精准刻画用户画像,准确识别用户意图,实现在服务中精准营销,在营销中用心服务,进一步提升服务质效,防范服务风险,打通全场景服务地图,实现服务营销一体化。

1. 平台设计

整体方案规划使用 SaaS 模式实现,由 4 类 SaaS 平台产品融合,即在线客服平台(包含语音呼叫中心)、智能文本机器人、智能语音机器人和 RPA 流程自动化机器人,如图 6-16 和图 6-17 所示。其中:

(1)在线客服平台:用于整合不同渠道的客户信息,以及机器人、人工座席共同配合提供服务的灵活配置策略,在客户服务体系

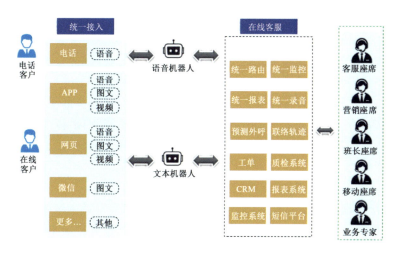

图 6-16　客户服务过程

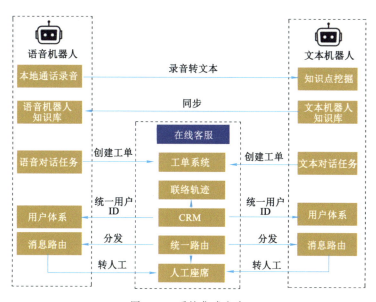

图 6-17　系统集成方案

中处于中心位置,完成消息的传递和管理。

(2)智能文本机器人:基于在线渠道提供服务的机器人。在线渠道可以提供富文本的交互类型,如图文、音视频、链接或操作卡片等,给在线接入客户提供更好的服务体验。

(3)智能语音机器人:基于电话语音渠道提供服务的机器人。语音渠道的重点是对语音和文本进行转化和识别,而语音渠道的特点是有语音识别与合成、音色选择、长时间停顿询问、主动外呼等功能。

2.问题梳理与标准化

(1)制定标准化流程。标准化流程覆盖所有可能出现的客服问题,涵盖问题的分类、识别、解决等环节。流程应该简单易懂、便于操作和实施。

(2)建立知识库。知识库是指客服问题的分类、解决方案、案例等信息的库。首先对原有的信息和知识做一次大规模的收集和整理,按照一定的方法进行分类保存,并提供相应的检索手段,进而隐含知识被编码化和数字化,信息和知识便从原来的混乱状态变得有序化。客服人员可以通过知识库来快速识别和解决问题,从而提高服务效率。

(3)培训客服人员。客服人员是企业实现客户服务标准化的重要资源之一。只有培养具有专业素养和服务能力的客服人员,才能提高客户服务的标准化水平。客服人员的培训应该是全面、系统和定期的。培训包括常规业务培训和技能培训两大块。

(4)标准化流程和知识库不断优化。随着客户需求和市场环境的变化,企业必须不断跟踪客户需求改变和提高,分析客服问题的数据和流程,及时制定新的服务标准,对标准化流程和知识库进行不断地优化和更新。

3.人工智能客服训练。

对人工智能客服进行训练是一个相对专业而复杂的过程,通常分三个主要的阶段：首先是需求分析，然后是使用平台搭建BOT，最后是持续优化。

4. 人工智能客服上线

人工智能客服已经成为现代企业必备的营销工具之一，其强大的功能和完善的场景体验使得人工智能客服能够很好地服务于客户并满足企业对各种场景的需求。相较于传统的客服服务，人工智能客服具备很多优点，如服务稳定不断线、高效的工作效率、能够处理大量的呼叫、精准筛选意向客户等等。而且，由于人工智能能够不断学习和进化，所以其服务的质量也在不断提高。与传统的客服相比，人工智能客服能更加快速和准确地识别客户需求，能够在更短的时间内为客户提供更优质的服务。此外，智能客服可以为企业提供更为精细的数据分析，帮助企业进行更好的客户管理和市场营销。

（三）实施效果

1. 提升客服工作效率，降低企业人工成本

AI客服机器人可以接管多达80％的常规问题查询，通过AI智能机器辅助人工可提高客服效率70％，1个智能客服≈68％人工客服总服务量。

2. 创新客服工作模式，实现客服工作零投诉

2022年，山东能源电子招标投标交易平台累计实现招标额578亿元，发布招标6 000多场，平均每月开场400余场；询比价累计成交金额364亿元，发布竞价比价57 791场，月均发布4 000余场次。面对庞大的交易额和场次数，在高峰时段，人工客服在处理客户咨询问题时，他们必须依次进行，容易造成等待时间过长和无法接入人工服务。而AI智能客服机器人可以同时为任意数量的客户提供答案，而且等待时间为零。随着智能客服机器人的应用，超过三分之二的招投标用户表示，他们更喜欢与AI智能客服机器人交谈，这使得他们更容易自己快速获得所需的答案。

3. 探索数字员工新场景,打造数字化转型新样板

废旧物资处置平台是基于干将 APP 基础上研发的移动拍卖平台。平台自建成使用以来,累计完成交易额 25.3 亿元,创效 6.1 亿元,溢价率 28.93%。废旧行业知识和业务庞杂而分散,人工客服无法全部熟练掌握,解决问题慢,但是通过机器人后台进行有效的整理并发布后,用户可以随时随地通过 AI 智能客服机器人获取所需内容,快速参与废旧竞拍。AI 实现用户自主解疑,不仅降低了人工成本,还实现了废旧物资宣传介绍功能,提高了企业品牌力。目前已经有很多行业龙头企业通过该平台处置废旧物资。

发 展 展 望

当前和今后一段时期,是山东能源加快由规模速度型向高质高效型转变、由传统能源企业向新型能源企业转变的关键期。物供作为山东能源价值链、供应链、产业链的核心模块,是提升山东能源供应链韧性和安全水平的重要环节,其创新发展将为山东能源践行"一个保障、两个优化"的使命夯实基础、提供支撑。面对未来,山能物资将以变革转型、守正创新为主线,积极推进物供数字化转型,围绕价值链部署创新链、围绕创新链布局产业链,构建物供新发展格局,推动物供高质量发展,打造与世界 500 强企业相匹配的行业领先、国内知名、国际先进的物供管理体系。

一、进一步提高物供战略定位

物供在企业发展中扮演日益重要的角色,是集团企业保供创效、降本提效、价值创造的重要职能战略。从协同共生、价值共创和整体利益最大化的更高视角,山东能源物供板块应以"打造智慧采购、智慧仓储、智慧配送、智慧调剂、智慧处置的全供应链智慧服务管理体系"为愿景,以"保供创效、赋能社会"为宗旨,以"做强智慧采购平台缔造卓越服务品牌"为使命,以"物资供应链整合商、现代综合物流服务商、智慧物供科技提供商"为经营定位,以"规模创造效益、协同创造价值、数字创造未来、品牌创造辉煌"为发展理念,依据创新为引领的物供生态链、产业链、供应链、价值链四链同构的发展思路,打造物资全生命周期供应链网、供应链业务拓展增值网、物流科技创新链网、智慧供应链综合服务平台的物供业务生态,创新物供发展格局。

二、加快物供数字化转型步伐

数字化正影响着各个行业的发展,数字经济成为未来竞争的主战场。数字化可以从提供附加价值的角度去改变行业,也可能从颠覆价值链的视角去重新定义行业,或是用主导价值链的方式让行业产生全新价值。山东能源物供数字化转型作为企业管理提质、价值创造的重要手段,在现行的经营一体化平台基础上,应进一步加快整合物资采购管理相关系统资源,通过数字化赋能和数字化使能,从业务、经营和产业层面,分别推进物供业务全生命周期"数智化"管理、"数智化"的企业经营决策与风险管控、协同互动高效的产业数字化,在"十四五"期间建设成行业领先、国内一流的供应链管理体系,勇担建设数字中国的使命。

三、推动物供价值链创新链协同赋能

山东能源应积极推进物供价值链与创新链的协同共生、相互赋能和价值共创,应围绕物资价值链、供应链部署创新链,围绕创新链布局产业链、生态链,从而以创新为引领,形成产业链、供应链、价值链和生态链的物供"四链"同构。一要创新能够贯穿端到端全价值链的工具和方法,建立效力驱动基础上的新能力;二要推进智慧物流和供应链科技研发及市场化推广应用;三要探寻大宗物资物流供应链新业态、新模式、新领域,贯通业务链和产业链,推进物供全生态链协同共生。

四、夯实创新物供组织经营管理基础

企业战略落地、数字化转型和价值共生的实现,需要定制执行适合企业自身的组织、经营、管理思维和方式方法。山东能源供应板块应积极推进组织的治理规范化、职能层级化、平台专业化、机构精干化,以保证物供的组织精健化;积极推动管理工法化、成本对标化、质量贯标化、财务稳健化,实现物供的管理精细化;积极深化物供业务归核化、创新有效化、市场细分化、价值最优化,以实现物供经营精益化,助力企业卓越发展。

展望未来,山东能源积极践行使命担当、持续创拓物供新生态、共创价值新辉煌。

参 考 文 献

［1］习近平.高举中国特色社会主义伟大旗帜为全面建设社会主义现代化国家而团结奋斗——在中国共产党第二十次全国代表大会上的报告［EB/OL］.（2022-10-25）［2023-09-10］.http：//www.gov.cn/xinwen/2022-10/25/content_5721685.htm.

［2］山东能源集团.企业简介［EB/OL］.［2023-12-10］.http：//www.shandong-energy.com/page/jituan/company-profile.html.

［3］杜钟泉,傅国强.大型煤炭企业物资供应体制改革浅析［J］.煤矿现代化,2001(6):34-35.

［4］曾宪林,蔡仲秋.煤炭企业物资供应管理体制改革研究［J］.中国煤炭,1996(7):35-39.

［5］李坤,刘晓莲.煤炭企业采购管理模式对比分析［J］.山东煤炭科技,2021,39(4):216-219.

［6］王一鸣.百年大变局、高质量发展与构建新发展格局［J］.管理世界,2020,36(12):1-13.

［7］国家统计局.中华人民共和国2022年国民经济和社会发展统计公报［EB/OL］.（2023-2-28）［2023-09-10］.http：//www.stats.gov.cn/sj/zxfb/202302/t20230228_1919011.html.

［8］中华人民共和国中央人民政府.中华人民共和国国民经济和

社会发展第十四个五年规划和 2035 年远景目标纲要[EB/OL].(2021-03-13)[2023-09-10]. http：//www. gov. cn/xin-wen/2021-03/13/content_5592681. htm.

[9] 国家发展改革委,国家能源局."十四五"现代能源体系规划[EB/OL].(2023-03-22)[2023-09-10]. https：//www. nea. gov. cn/1310524241_16479412513081n. pdf.

[10] 陈晓红,李杨扬,宋丽洁,等.数字经济理论体系与研究展望[J].管理世界,2022,38(2):208-224.

[11] 曲永义.数字经济与产业高质量发展[J]. China economist,2022,17(06):2-25.

[12] 戚聿东,肖旭.数字经济时代的企业管理变革[J].管理世界,2020(6):135-152.

[13] 华宇智能数据.助力智慧煤炭建设,华宇亮相煤炭企业数字化转型研讨会[EB/OL].(2021-05-24)[2023-09-10]. https：//baijiahao. baidu. com/s? id = 1700633435980370956&wfr = spider&for＝pc.

[14] 全国能源信息平台.40 家央企数字化转型路线图![EB/OL].(2022-04-11)[2023-09-10]. https：//baijiahao. baidu. com/s? id＝1729804020912363843&wfr＝spider&for＝pc.

[15] 国务院国有资产监督管理委员会改革局.关于开展对标世界一流企业价值创造行动的通知[EB/OL].(2023-04-27)[2023-09-10]. http：//www. sasac. gov. cn/n2588020/n2588072/n2591064/n2591066/c27783654/content. html? eqid＝a60a6b9200071e6a0000000664606c1f.

[16] 光明日报.国企改革:"四梁八柱"落地 三年行动开启[EB/OL].(2020-10-13)[2023-09-10]. https：//www. gov. cn/zhengce/2020-10/13/content_5556937. htm.

[17] 国务院国有资产监督管理委员会科创局.关于印发《关于推

进中央企业高质量发展做好碳达峰碳中和工作的指导意见》的通知［EB/OL］.（2021-12-30）［2023-09-10］. http：//www. sasac. gov. cn/n2588020/n2588072/n2591148/n2591150/c22499825/content. html.

［18］中华人民共和国工业和信息化部."十四五"工业绿色发展规划［EB/OL］.（2021-12-03）［2023-09-10］. https：//www. gov. cn/zhengce/zhengceku/2021/12/03/5655701/files/4c8e11241e1046ee9159ab7dcad9ed44. pdf.

［19］新华社. 中共中央 国务院关于完整准确全面贯彻新发展理念做好碳达峰碳中和工作的意见［EB/OL］.（2021-10-24）［2023-09-10］. https：//www. gov. cn/zhengce/2021/10/24/content_5644613. htm.

［20］中国煤炭工业协会. 中国煤炭工业协会发布 2022 中国煤炭企业 50 强［EB/OL］.（2022-08-08）［2023-09-10］. http：//www. coalchina. org. cn/index. php? m ＝ content＆c ＝ index＆a＝show＆catid＝9＆id＝141767.

［21］刘旭华. 国家能源集团：数字化转型驱动智慧物资管理［EB/OL］.（2021-08-15）［2023-09-10］. http：//www. ccoalnews. com/news/202108/15/c147867. html.

［22］财富中国. 2023 年《财富》世界 500 强排行榜［EB/OL］.（2023-08-02）［2023-09-10］. https：//www. fortunechina. com/fortune500/c/2023/08/02/content_436874. htm.

［23］Glencore. Glencore annual report 2022［EB/OL］.（2023-03-22）［2023-09-10］. https：//www. glencore. com/. rest/api/v1/documents/ded10fa92974aa388a43aa9f86f483e9/GLEN-2022-Annual-Report. pdf.

［24］周文超. 神华集团物资管理信息化平台建设探析［J］. 中国煤炭,2017,43(12):105-108,114.

[25] 陕西煤业化工集团公司.企业简介[EB/OL].(2023-10-09).
https://www.shccig.com/detail/10/about.

[26] 纳超洪,陈雪,徐慧.财务共享能降低成本粘性吗?——基于
集团管控的视角[J/OL].南开管理评论,2022-11-25.https://
kns.cnki.net/kcms/detail/12.1288.f.20221123.0841.002.
html.

[27] 张庆龙,潘丽靖,张羽瑶.财务转型始于共享服务[M].北京:
中国财政经济出版社,2015.

[28] 阳丹,徐慧.集团所属政府层级、内部资本市场与子公司高管
薪酬:来自国企集团下属上市公司的数据[J].会计研究,
2019(09):50-56.

[29] 朱方伟,宋昊阳,王鹏,等.国有集团母子公司管控模式的选
择:多关键因素识别与组合影响[J].南开管理评论,2018,
21(01):75-87.

[30] 周国祥,刘亚欧.我国国有企业集团母子公司管控模式选择
与公司治理结构设计[J].现代商业,2017(14):114-115.

[31] 陈志军.母子公司管控模式选择[J].经济管理,2007,29
(3):34-40.

[32] 李迎春,张文,张磊,等.战略重组煤炭企业集团管控模式研
究[J].煤炭经济研究,2022,42(4):81-84.

[33] 唐鹏军.集团管控三分法辨析[J].企业管理,2022(2):
98-101.

[34] 李俊杰.基于供应链管理的中煤平朔集团物资集中采购管理
研究[D].徐州:中国矿业大学,2021.

[35] 俞睿毅.A煤业物资有限公司采购管理研究[D].成都:西南
财经大学,2008.

[36] 李月婕.供应链协同对流通企业创新绩效的影响——基于资
源共享的中介作用[J].商业经济研究,2023(13):31-34.

[37] 仲昇.供应链协同管理的研究进展及发展趋势[J].物流工程与管理,2012,34(11):100-102.

[38] 张翠华,任金玉,于海斌.供应链协同管理的研究进展[J].系统工程,2005,23(4):1-6.

[39] KUMAR G. Collaboration between supply chain partners:when does it matter? Evidence from collaborative profiles[J]. Journal of business & industrial marketing,2021,36(6):1042-1057.

[40] 范婷婷.工业互联网平台赋能供应链协同的运行机制研究[D].杭州:杭州电子科技大学,2023.

[41] 黄勃,李海彤,刘俊岐,等.数字技术创新与中国企业高质量发展:来自企业数字专利的证据[J].经济研究,2023,58(3):97-115.

[42] 杜庆昊.数字产业化和产业数字化的生成逻辑及主要路径[J].经济体制改革,2021(5):85-91.

[43] 张远,李焕杰.数字化转型与制造企业服务化:基于嵌入式服务化和混入式服务化的双重视角[J].中国流通经济,2022,36(2):90-106.

[44] 徐述波.精益管理对可持续供应链绩效的影响机制研究[D].大连:大连海事大学,2022.

[45] 荆树伟.基于精益管理的企业管理创新驱动机理与关键技术研究[D].天津:天津大学,2016.

[46] 周三多,陈传明,刘子馨,等.管理学:原理与方法[M].7版.上海:复旦大学出版社,2021.

大 事 记

2021 年

1 月 15 日,山能物资(全称山东能源集团物资有限公司)工商注册成立,注册资本 3 亿元,是山东能源全资子公司。

同日,山能物资、山能国贸召开组织机构及人员划转动员会,按照以"业务划线、整建制划转"的原则,共对 7 个组织机构、45 名人员进行了划转移交。按照山东能源改革方案设计,山能国贸为集团物流贸易专业化平台公司,山能物资专职负责集团物供管理和集采集招工作。

4 月 19 日,山东能源印发《山东能源集团有限公司关于公布能源集团第一批〈煤矿用大宗物资集中采购清单(暂行)〉等 4 个清单的通知》(山能集团便发〔2021〕111 号),最大限度发挥规模优势和协同效应,降低采购成本。

6 月 30 日,山能物资纵横易购党支部被中共山东省委认定为"山东省先进基层党组织"。

7 月 19 日,山能物资与清华大学马克思主义学院举行研究生社会实践基地签约仪式,成为其 2021 年六家"研究生社会实践基地"之一。

8 月 10 日,山能物资召开领导干部会议,宣布山东能源集团党委关于山能物资领导班子调整的决定,巩学刚同志任公司党委书记、执行董事、总经理。

8月27日,山能物资召开领导干部会议,传达山东能源集团党委《关于成立山东能源集团物资有限公司及人员职务聘(任)免的通知》,宣布山能物资总部机关的机构设置和人员任命。

9月8日,山东能源召开物供体制改革推进会,安排部署物供改革现阶段重点工作。会议上宣读了《山东能源集团有限公司物资供应体制改革方案》,确定山能物资物供管理架构及职能定位,成立物供体制改革领导小组和物供体制改革工作专班,设立鲁中分公司、鲁南分公司、鲁西分公司、西北分公司、内蒙古分公司等5家区域分公司。后经改革需要,确定为"5+N"物供体制机制运作模式,增加新疆分公司、泰安分公司。

9月13日,山东省国资委副主任、第二督导组组长高长生率队对山东能源贯彻落实全国国有企业党的建设工作会议精神"回头看"工作情况进行督导,参观山东能源电子商务大厅,对山能物资"互联网+大物供"物资供应电商生态圈建设成效给予高度评价。

10月14日,经过层层选聘,鲁中分公司、鲁南分公司、鲁西分公司、西北分公司、内蒙古分公司等5家区域公司组建完成。

10月22日,山能物资顺利通过省级文明单位复审验收。

11月5日,山东能源印发《关于推进物供改革工作的意见》(山能集团便发〔2021〕303号),进一步理顺山能物资总部、物供区域公司与集团的物供管理体系,规范机构设置和人员配置,积极稳妥推进物供人员、业务、账务"三清"工作。

11月30日,山东省委常委、组织部部长王宇燕,省委组织部部务委员崔海涛等人到山东能源调研国企党建和企业领导人员队伍建设工作,参观山东能源电子商务大厅、山能物资纵横易购党支部。

12月6日,"国企改革看山东"新闻媒体采访团首站走进山东能源,参观山东能源电子商务大厅,实地采访集团物供体制改革成果。

12月17日,山能物资《构建"1＋1＋1＋N"党建与业务融合架构促进科技企业跨越发展的探索》获得中国煤炭工业协会2021年煤炭企业管理现代化创新成果(党建类)三等奖。

2022 年

1月5日,山能物资召开2022年工作会议。

1月7日,山能物资鲁南分公司在枣庄滕州尹洼驻地隆重举行揭牌仪式,成为山能物资首家正式挂牌成立的区域分公司。

1月29日,山能物资召开领导干部会议,宣布山东能源集团党委关于山能物资领导班子调整的决定,童培国同志任公司党委副书记、总经理。

2月21日,山能物资召开2022年度党风廉政建设和反腐败工作会议。

2月25日,山能物资纵横易购公司申报的《一种用于电子标牌的安装结构》《一种电子标牌集成设备》《一种基于物联网的井下安全监测系统》《一种基于射频识别技术的矿井管理系统》等4项专利获得国家知识产权局授权。

3月10日,山能物资召开创建全国文明单位启动会,会议传达了公司党委创建全国文明单位实施方案及配档表,宣读了"共创文明单位 争做文明职工"倡议书。

4月29日,山东能源召开2021年度先进单位、先进集体、劳动模范和先进个人表彰大会,山能物资1个单位获评2021年度先进集体,1人获评2021年度外部开发先进个人,3人获评2021年度先进个人,2人获评2021年度系统先进个人。

5月13日,山东省科学技术厅发布《山东省2022年第3批入库科技型中小企业名单》,山能物资纵横易购公司被认定为山东省科技型中小企业。

6月9日,山能物资与中石油济南润滑油销售分公司签署战略合作协议。

6月16日,山能物资与中信银行股份有限公司济南分行签署党建联建共建协议及战略合作协议。

6月17日,山能物资召开挂职锻炼工作会,全面启动首批双向挂职锻炼工作,选派21名"90后"员工上挂下联。会上宣贯了《员工上挂下联管理办法》,宣布了首批挂职锻炼人员名单。

6月29日,山能物资党委与鲁商发展党委举办"党建共建"签约仪式。

6月30日,山能物资召开庆祝中国共产党成立101周年表彰大会,表彰8个先进基层党组织(过硬党支部)、24位优秀共产党员、12位优秀党务工作者。

7月20日,山能物资《棋盘博弈采购法战略体系的探究》获得山东省国资委2021年度优秀研究成果优秀奖。

7月27日,山能物资召开2022下半年工作会暨经济运行分析会。

同日,山能物资废旧物资处置管理团队《废旧物资处置管理》获得团山东省委第十八届山东省青年职业技能竞赛创新创效专项赛优胜奖。

8月8日,山东省政协副主席王艺华一行来山东能源开展重点提案督办调研活动,参观山东能源电子商务大厅。

8月13日至15日,山能物资携电子商务创新成果参加第八届中国(济南)电子商务产业博览会。

9月7日,山东省政协主席、党组书记葛慧君率队到山东能源检查指导,参观山东能源电子商务大厅。

9月14日,中国工程院院士王国法来山能物资座谈交流,参观山东能源电子商务大厅,对山东能源物供体制改革、云上仓储管理、废旧物资处置、数智赋能工作开展情况给予高度评价。

10月12日,山东省改革办专职副主任张旭东率队到山能物资检查指导,参观山东能源电子商务大厅,详细了解企业生产物资管控和采购供应情况。

10月17日,山能物资党委与电子口岸党委举办"党建共建"签约仪式。

12月29日,山能物资《基于人工智能(RPA 技术)提升企业精益化管理与激活职工自主创新创效的实践》获得中国煤炭工业协会煤炭企业管理现代化创新成果三等奖。

12月30日,山东省工业和信息化厅发布《关于公布山东省2022年度创新型中小企业的通知》(鲁工信创〔2022〕275 号),山能物资纵横易购公司被认定为山东省 2022 年度创新型中小企业。

2022年,山能物资完成招标额 600 亿元,节资率 10.77%;完成采购额 227 亿元,采购创效 19.23 亿元;完成废旧物资交易额12.89 亿元,溢价率 22.81%。